行书唐诗一百首

名家古诗集字

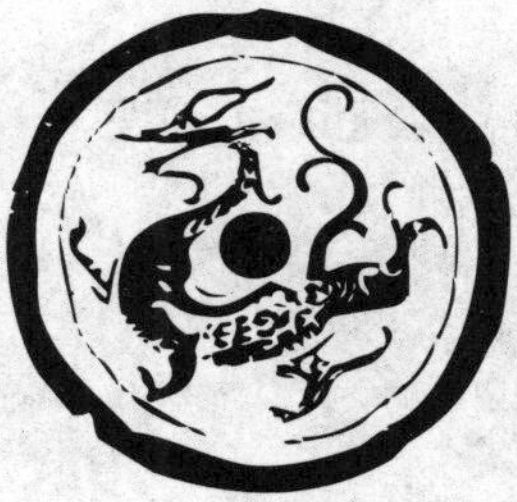

赵元生 编

当代世界出版社

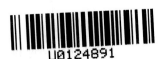

图书在版编目（CIP）数据

行书唐诗一百首 / 赵元生编. -- 北京: 当代世界出版社, 2023.9
ISBN 978-7-5090-1724-1

Ⅰ. ①行… Ⅱ. ①赵… Ⅲ. ①行书－法帖－中国－古代②唐诗－诗集 Ⅳ. ① J292.35 ② I222.742

中国国家版本馆 CIP 数据核字 (2023) 第 014974 号

书　　名：行书唐诗一百首
出版发行：当代世界出版社
地　　址：北京市东城区地安门东大街 70-9 号
监　　制：吕　辉
责任编辑：李俊萍
编务电话：(010) 83908410-810
发行电话：(010) 83908410-812
13601274970
18611107149
13521909533
经　　销：全国新华书店
印　　刷：三河市南阳印刷有限公司
开　　本：787 毫米 ×1092 毫米　1/16
印　　张：7.5
字　　数：30 千字
版　　次：2023 年 9 月第 1 版
印　　次：2023 年 9 月第 1 次
书　　号：ISBN 978-7-5090-1724-1
定　　价：48.00 元

前言

诗歌与书法，都是中华民族传统文化的精粹。自古以来，这两种艺术表现形式就紧密结合在一起，互相映衬。诗歌注重凝练简洁的语言、抑扬顿挫的韵律，其风格或豪放洒脱，或婉转含蓄；书法是线条的艺术，肥瘦、长短、曲直、方圆等变化无穷，其气势或温润秀气，或刚劲挺拔。二者结合，给人一种赏心悦目的感觉。

唐诗是中华民族最珍贵的文化遗产之一，唐诗的兴盛对中华民族文化的发展起到了巨大的推动作用。很多文人墨客将品读唐诗作为提升自己文学造诣的途径，而很多书法家则将唐诗作为自己书写练习的对象。

毛笔书法是中国特有的一种传统艺术。历代书法家博采众长，不断实践，遵循严格的法度，并将自己的性灵融于毫端，最终形成了自己独特的风格。古代书法家流传下来的书法作品，是中华传统文化的重要组成部分。

有鉴于此，我们编写了这套名家古诗集字丛书，精选最具有代表性的唐诗，包括五言绝句、七言绝句、五言律诗、七言律诗等，并尽力搜罗古代书法名家最具代表性的字集字成诗，最终结集成册。

在编排上，《楷书唐诗一百首》和《行书唐诗一百首》是按照书法家进行分章，使各书法家的书法艺术通过不同的诗作集中展现出来，便于书法爱好者研习、欣赏；《隶书唐诗一百首》和《篆书唐诗一百首》是按照诗歌题材进行分章，可以让书法爱好者在同一类诗中欣赏到不同书法家的书法艺术。

由于时间仓促及编者能力有限，该丛书难免有不尽如人意之处，但我们仍希望读者朋友能通过该丛书获得心灵的愉悦。

目录

目录

目录

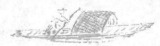

目录

王羲之行书

功蓋三分國
名成八陣圖
江流石不轉
遺恨失吞吳

八阵图

杜甫

功盖三分国，名成八阵图。
江流石不转，遗恨失吞吴。

出塞

王昌龄

秦時明月漢時關
萬里長征人未還
但使龍城飛將在
不教胡馬度陰山

秦时明月汉时关，万里长征人未还。
但使龙城飞将在，不教胡马度阴山。

独坐敬亭山

李白

衆鳥高飛盡
孤雲獨去閑
相看兩不厭
祇有敬亭山

众鸟高飞尽，孤云独去闲。
相看两不厌，只有敬亭山。

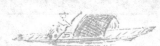

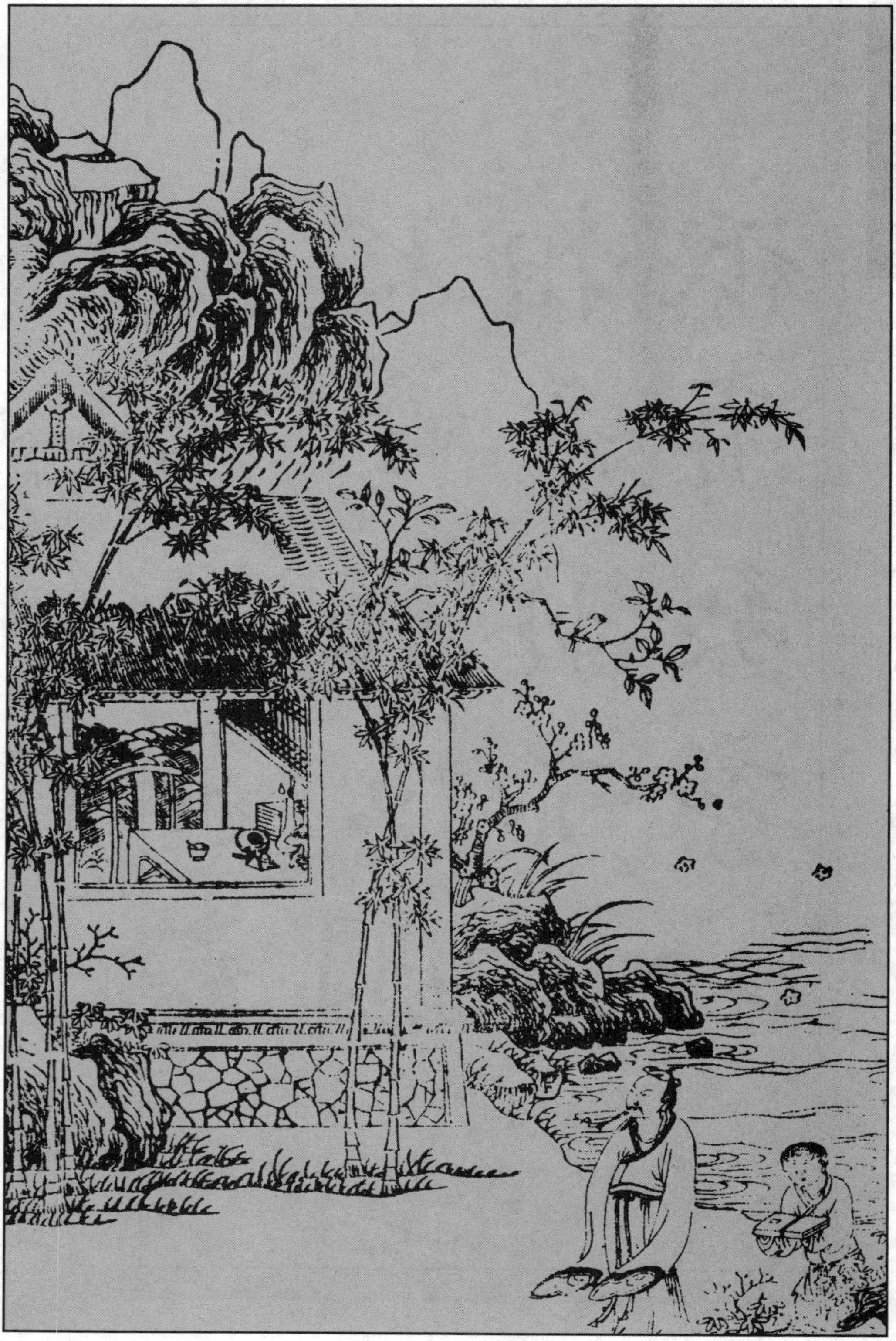

静夜思

李白

床前明月光
疑是地上霜
舉頭望明月
低頭思故鄉

床前明月光，疑是地上霜。
举头望明月，低头思故乡。

秋浦歌十七首·其十五

李白

白髮三千丈
緣愁似箇長
不知明鏡裏
何處得秋霜

白发三千丈，缘愁似个长。
不知明镜里，何处得秋霜。

子夜吴歌·秋歌

李白

長安一片月
萬戶擣衣聲
秋風吹不盡
總是玉關情
何日平胡虜
良人罷遠征

长安一片月，万户捣衣声。秋风吹不尽，
总是玉关情。何日平胡虏，良人罢远征。

早发白帝城

李白

朝辭白帝彩雲間
千里江陵一日還
兩岸猿聲啼不住
輕舟已過萬重山

朝辞白帝彩云间，千里江陵一日还。
两岸猿声啼不住，轻舟已过万重山。

春晓

孟浩然

春眠不覺曉
處處聞啼鳥
夜來風雨聲
花落知多少

春眠不觉晓，处处闻啼鸟。
夜来风雨声，花落知多少。

登鹳雀楼

王之涣

白日依山盡
黃河入海流
欲窮千里目
更上一層樓

白日依山尽，黄河入海流。
欲穷千里目，更上一层楼。

赤壁

杜牧

折戟沉沙鐵未銷
自將磨洗認前朝
東風不與周郎便
銅雀春深鎖二喬

折戟沉沙铁未销，自将磨洗认前朝。
东风不与周郎便，铜雀春深锁二乔。

过华清宫绝句三首·其一

杜　牧

長安回望繡成堆
山頂千門次第開
一騎紅塵妃子笑
無人知是荔枝來

长安回望绣成堆，山顶千门次第开。
一骑红尘妃子笑，无人知是荔枝来。

山行

杜　牧

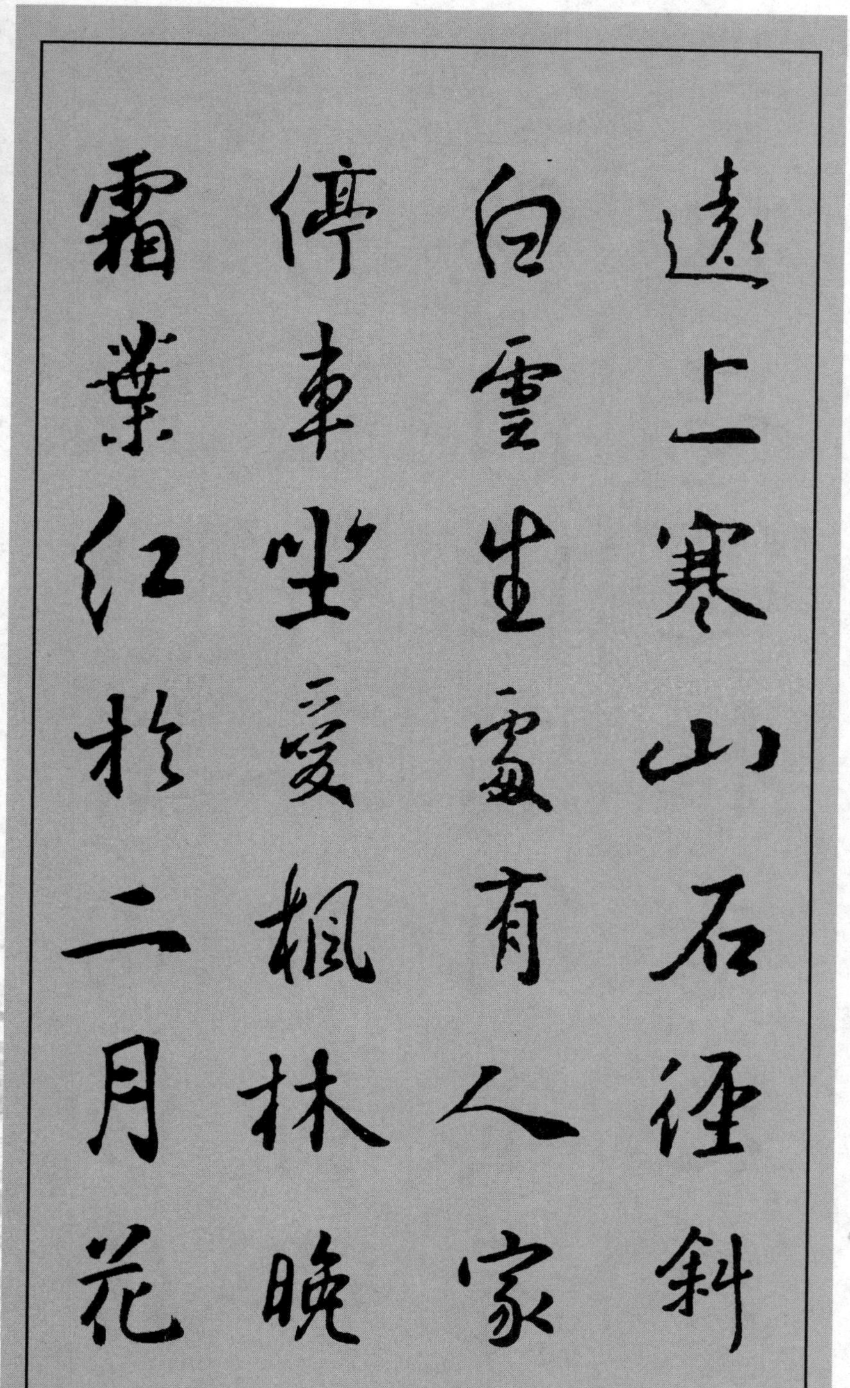

远上寒山石径斜，白云生处有人家。
停车坐爱枫林晚，霜叶红于二月花。

清明

杜　牧

清明時節雨紛紛
路上行人欲斷魂
借問酒家何處有
牧童遥指杏花村

清明时节雨纷纷，路上行人欲断魂。
借问酒家何处有？牧童遥指杏花村。

咏柳

贺知章

碧玉妝成一樹高
萬條垂下綠絲縧
不知細葉誰裁出
二月春風似剪刀

碧玉妆成一树高，万条垂下绿丝绦。
不知细叶谁裁出，二月春风似剪刀。

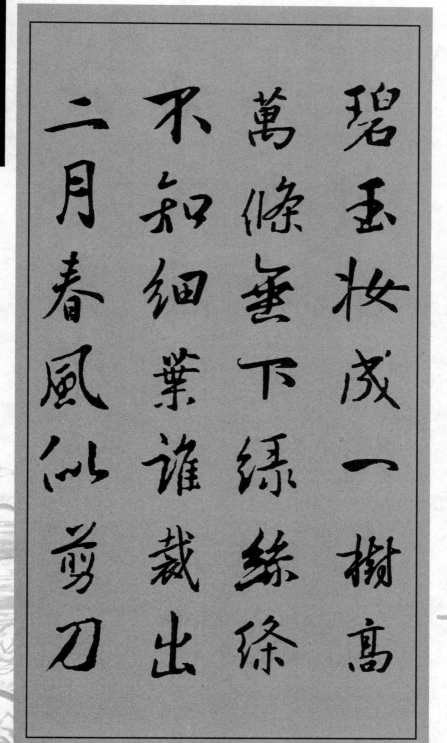

回乡偶书二首·其一

贺知章

少小離家老大迴
鄉音無改鬢毛衰
兒童相見不相識
笑問客從何處來

少小离家老大回，乡音无改鬓毛衰。
儿童相见不相识，笑问客从何处来。

寻隐者不遇

贾岛

松下问童子，言师采药去。
只在此山中，云深不知处。

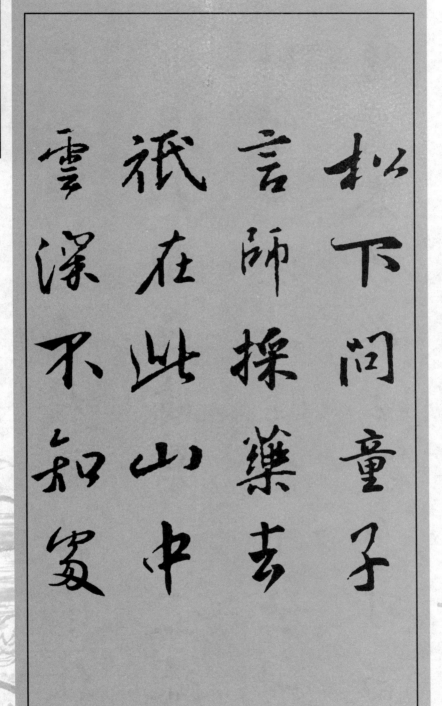

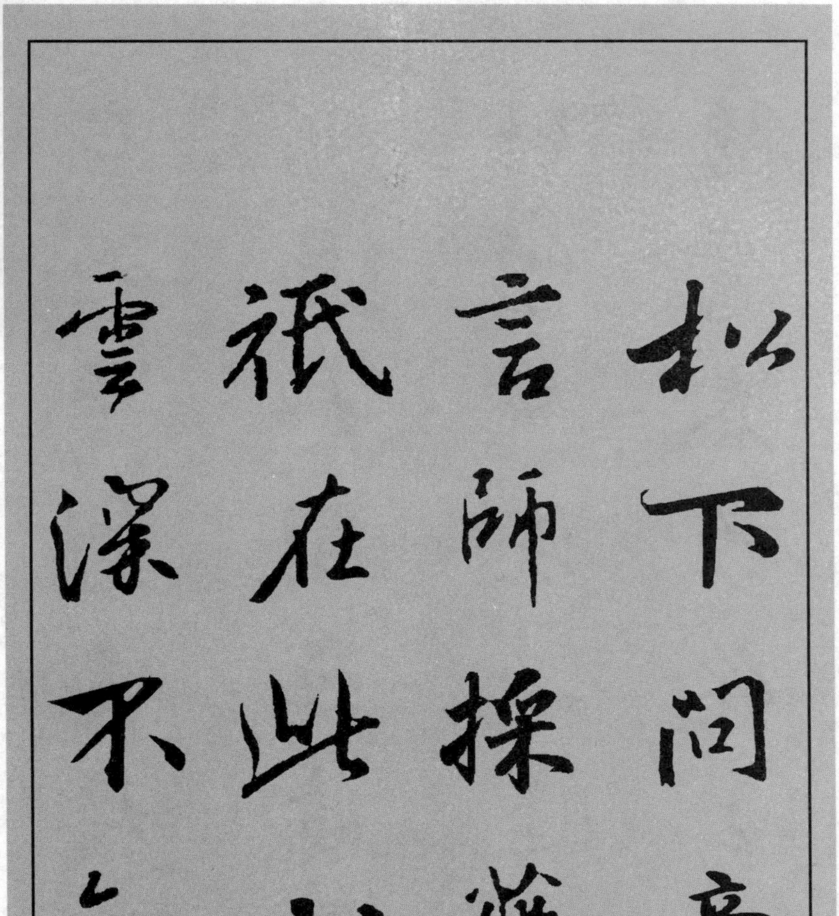

山居秋暝

王维

空山新雨後天氣晚來秋
明月松間照清泉石上流
竹喧歸浣女蓮動下漁舟
隨意春芳歇王孫自可留

空山新雨后，天气晚来秋。明月松间照，清泉石上流。
竹喧归浣女，莲动下渔舟。随意春芳歇，王孙自可留。

九月九日忆山东兄弟

王　维

獨在異鄉爲異客
每逢佳節倍思親
遥知兄弟登高處
遍插茱萸少一人

独在异乡为异客，每逢佳节倍思亲。
遥知兄弟登高处，遍插茱萸少一人。

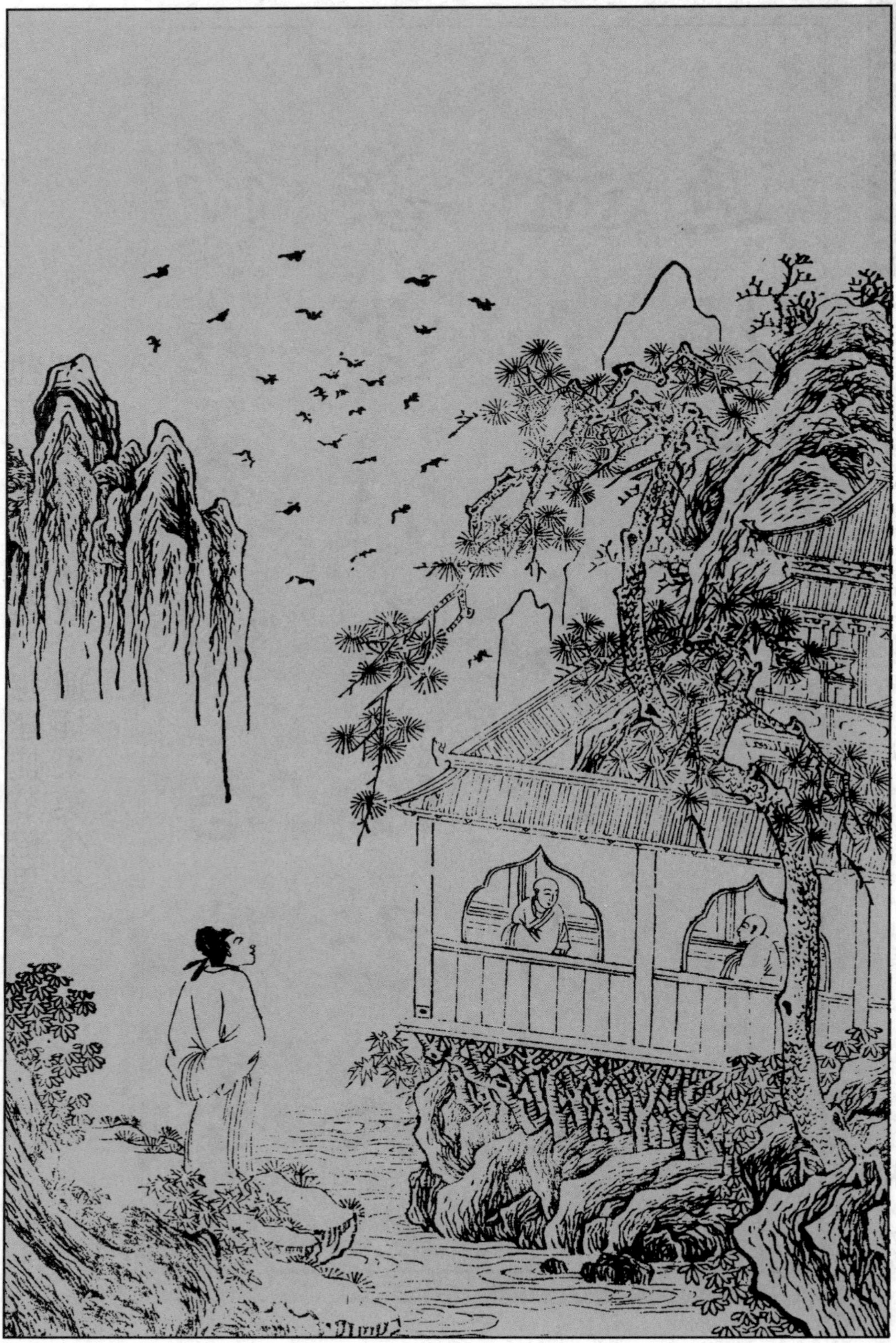

空山不见人，但闻人语响。
返景入深林，复照青苔上。

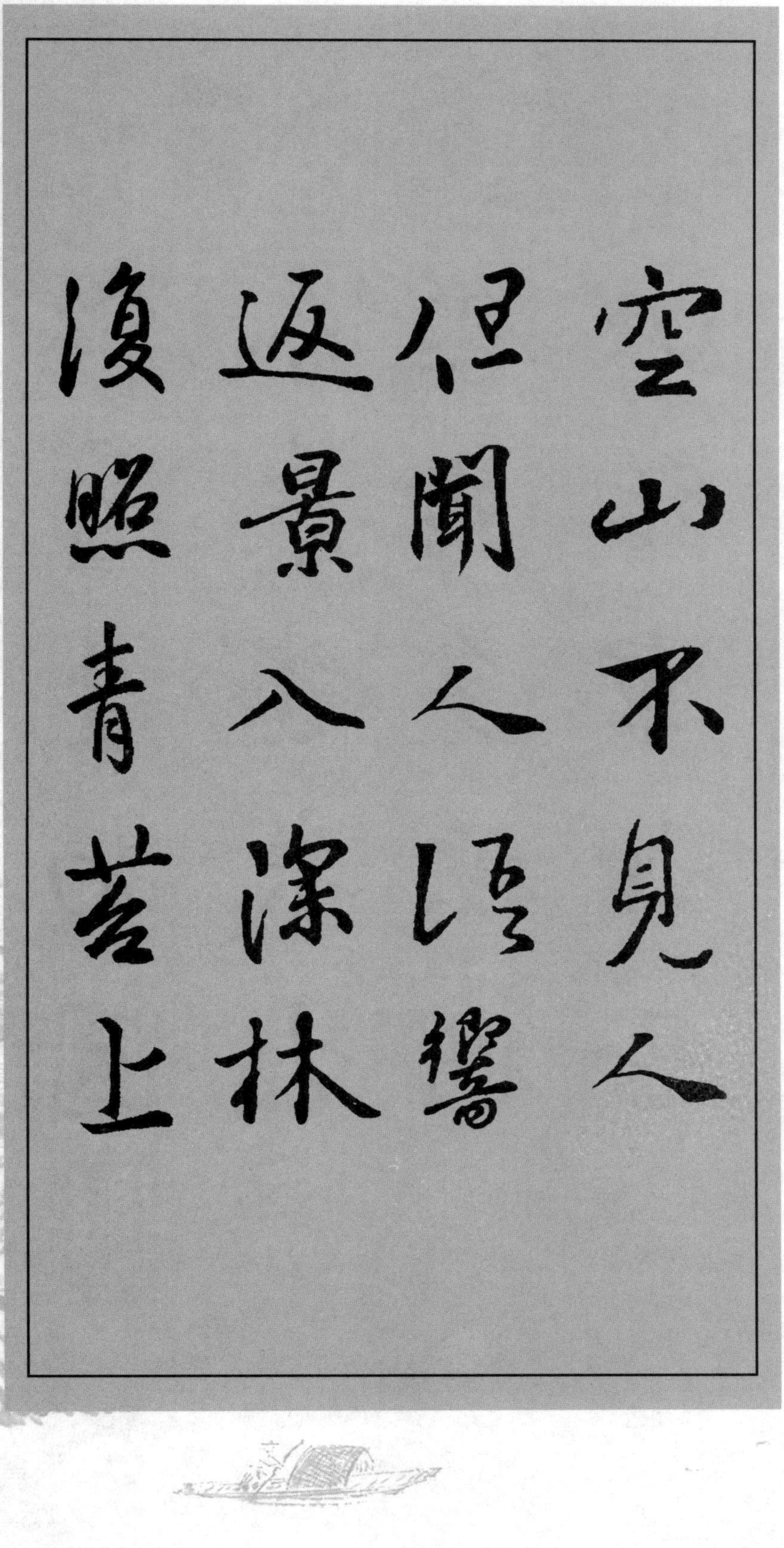

鹿柴

王维

相思

王维

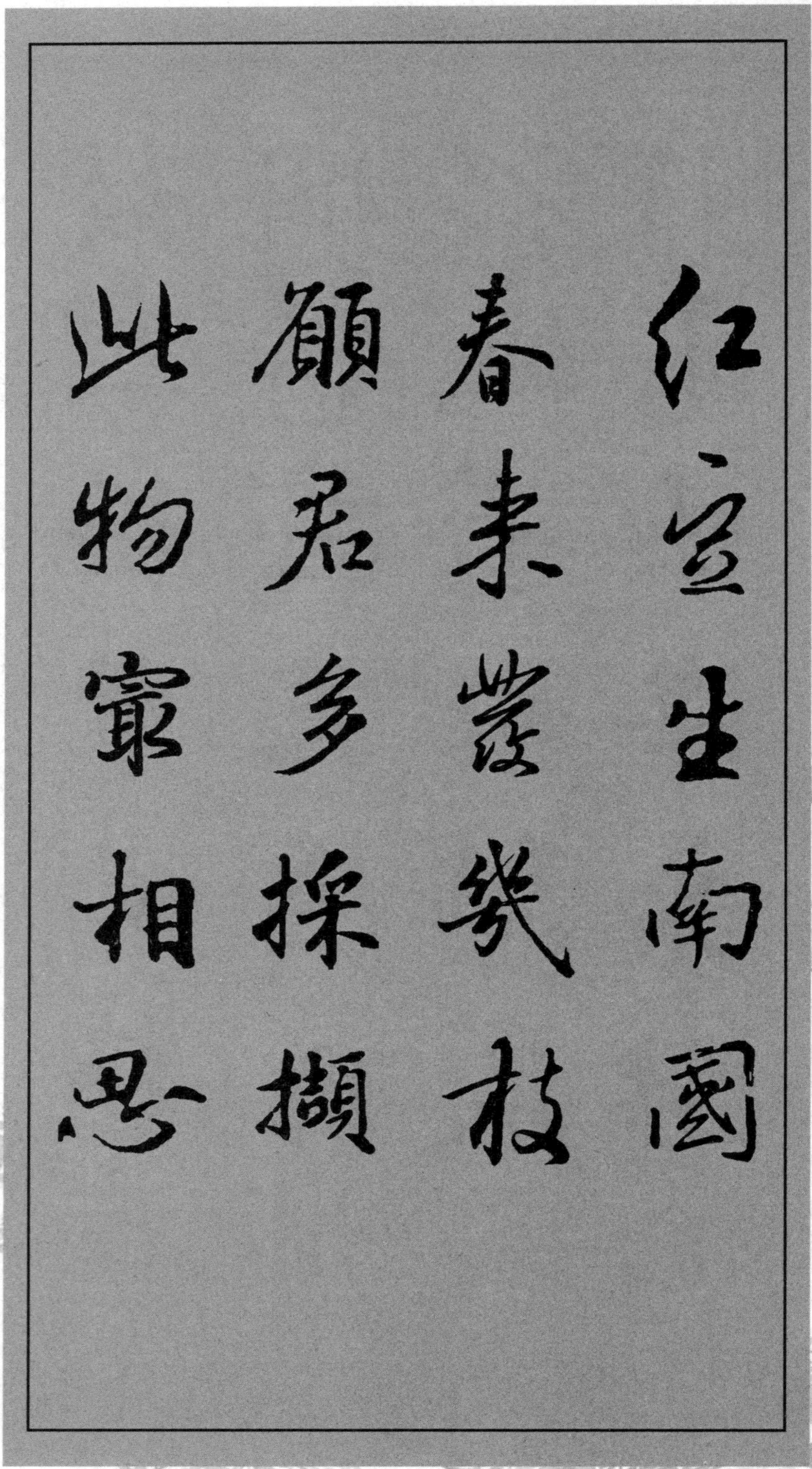

红豆生南国，春来发几枝。
愿君多采撷，此物最相思。

送元二使安西

王维

渭城朝雨浥轻尘，客舍青青柳色新。
劝君更尽一杯酒，西出阳关无故人。

渭城朝雨浥輕塵
客舍青青柳色新
勸君更盡一杯酒
西出陽關無故人

秋词

刘禹锡

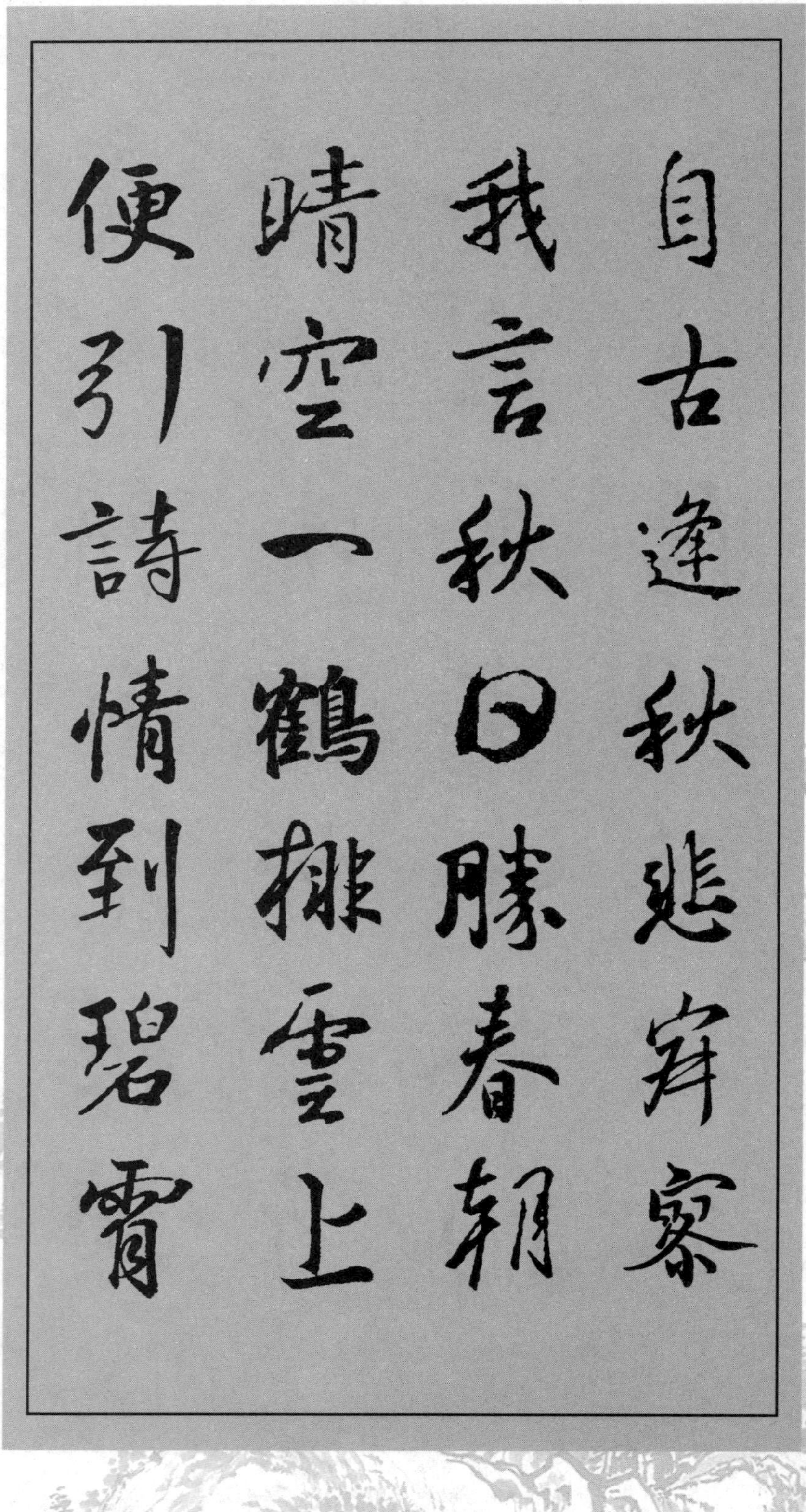

自古逢秋悲寂寥，我言秋日胜春朝。
晴空一鹤排云上，便引诗情到碧霄。

凉州词二首·其一

王之涣

黄河遠上白雲間
一片孤城萬仞山
羌笛何須怨楊柳
春風不度玉門關

黄河远上白云间，一片孤城万仞山。
羌笛何须怨杨柳，春风不度玉门关。

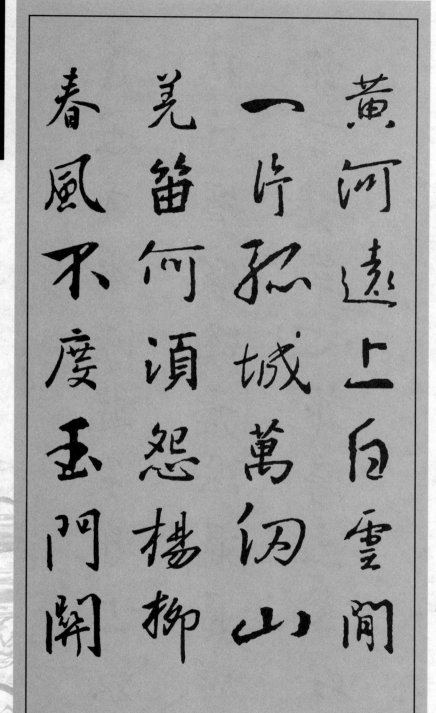

游子吟

孟郊

慈母手中綫遊子身上衣
臨行密密縫意恐遲遲歸
誰言寸草心報得三春暉

慈母手中线，游子身上衣。临行密密缝，
意恐迟迟归。谁言寸草心，报得三春晖。

忆江南三首·其一

白居易

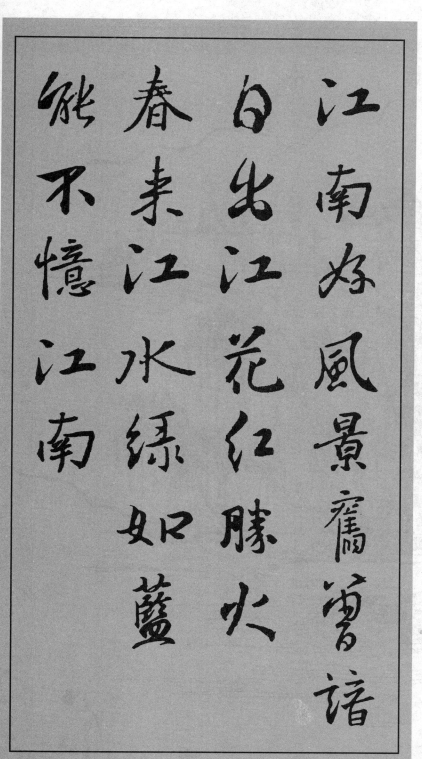

江南好風景舊曾諳
日出江花紅勝火
春來江水綠如藍
能不憶江南

江南好，风景旧曾谙。日出江花红胜火，
春来江水绿如蓝，能不忆江南？

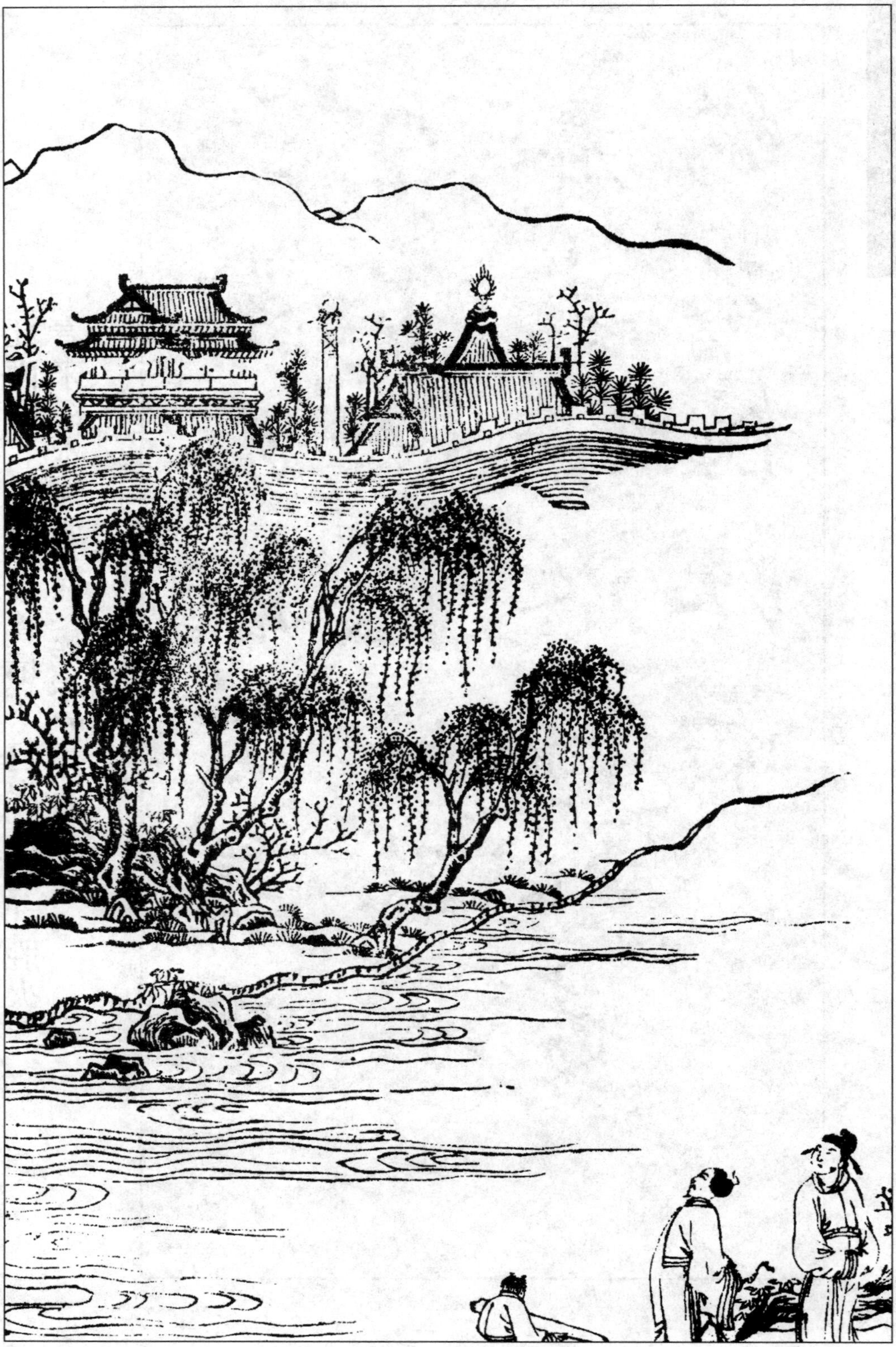

欧阳询行书

泊秦淮

杜牧

烟籠寒水月籠沙
夜泊秦淮近酒家
商女不知亡國恨
隔江猶唱後庭花

烟笼寒水月笼沙，夜泊秦淮近酒家。
商女不知亡国恨，隔江犹唱后庭花。

春望

杜甫

國破山河在，城春草木深。
感時花濺淚，恨別鳥驚心。
烽火連三月，家書抵萬金。
白頭搔更短，渾欲不勝簪。

国破山河在，城春草木深。感时花溅泪，恨别鸟惊心。
烽火连三月，家书抵万金。白头搔更短，浑欲不胜簪。

登高

杜　甫

风急天高猿啸哀，渚清沙白鸟飞回。
无边落木萧萧下，不尽长江滚滚来。
万里悲秋常作客，百年多病独登台。
艰难苦恨繁霜鬓，潦倒新停浊酒杯。

風急天高猿嘯哀渚清沙白鳥飛迴
無邊落木蕭蕭下不盡長江滾滾来
萬里悲秋常作客百年多病獨登臺
艱難苦恨繁霜鬢潦倒新停濁酒杯

江南逢李龟年

杜甫

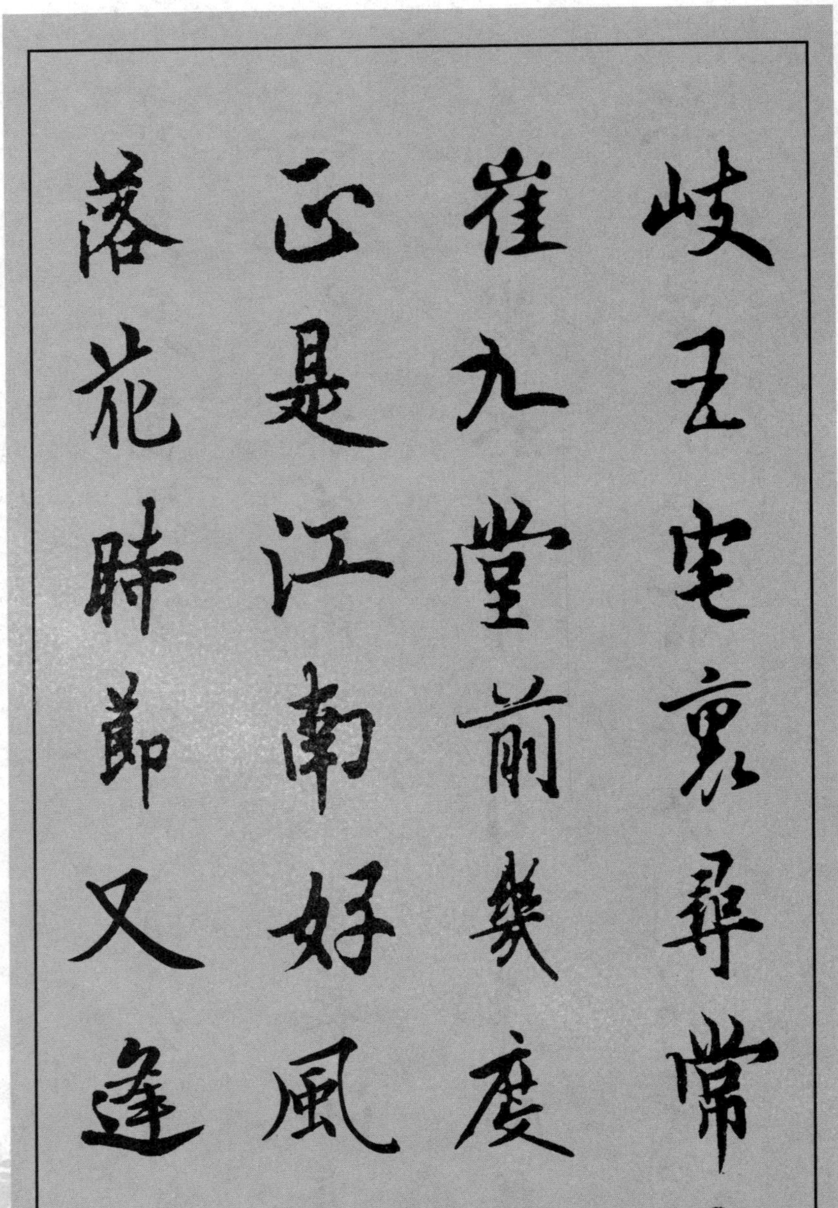
岐王宅裏尋常見
崔九堂前幾度聞
正是江南好風景
落花時節又逢君

岐王宅里寻常见，崔九堂前几度闻。
正是江南好风景，落花时节又逢君。

望岳

杜甫

岱宗夫如何齊魯青未了
造化鐘神秀陰陽割昏曉
蕩胸生曾雲決眦入歸鳥
會當凌絕頂壹覽衆山小

岱宗夫如何，齐鲁青未了。
造化钟神秀，阴阳割昏晓。
荡胸生曾云，决眦入归鸟。
会当凌绝顶，一览众山小。

望洞庭湖赠张丞相

孟浩然

八月湖水平
涵虛混太清
氣蒸雲夢澤
波撼岳陽城
欲濟無舟楫
端居恥聖明
坐觀垂釣者
徒有羨魚情

八月湖水平，涵虚混太清。气蒸云梦泽，波撼岳阳城。
欲济无舟楫，端居耻圣明。坐观垂钓者，徒有羡鱼情。

宿建德江

孟浩然

移舟泊烟渚
日暮客愁新
野曠天低樹
江清月近人

移舟泊烟渚，日暮客愁新。
野旷天低树，江清月近人。

和张仆射塞下曲六首·其三

卢纶

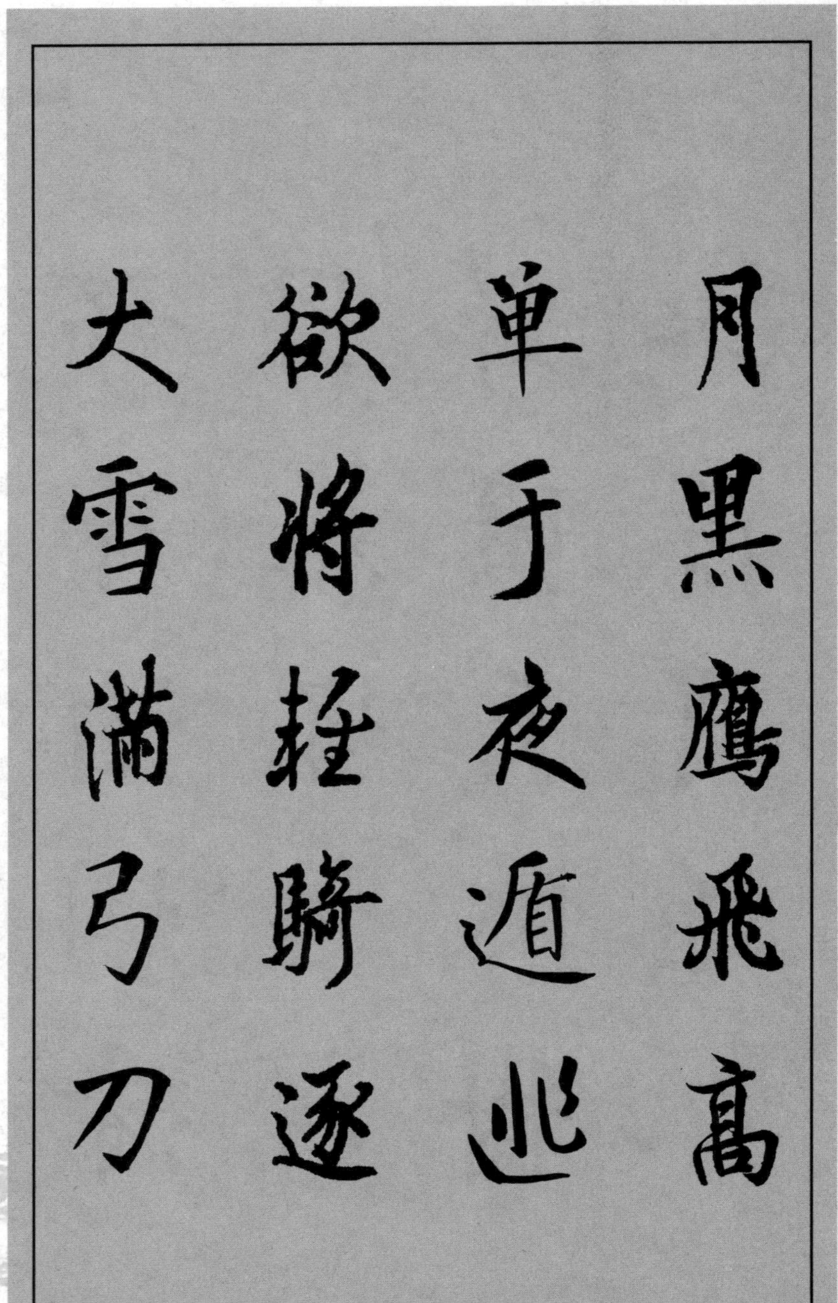

月黑雁飞高，单于夜遁逃。
欲将轻骑逐，大雪满弓刀。

黄鹤楼送孟浩然之广陵

李白

故人西辭黄鶴樓
煙花三月下揚州
孤帆遠影碧空盡
惟見長江天際流

故人西辞黄鹤楼，烟花三月下扬州。
孤帆远影碧空尽，惟见长江天际流。

江雪

柳宗元

千山鳥飛絶
萬徑人蹤滅
孤舟蓑笠翁
獨釣寒江雪

千山鸟飞绝，万径人踪灭。
孤舟蓑笠翁，独钓寒江雪。

乐游原

李商隐

嚮晚意不適
驅車登古原
夕陽無限好
秖是近黄昏

向晚意不适，驱车登古原。
夕阳无限好，只是近黄昏。

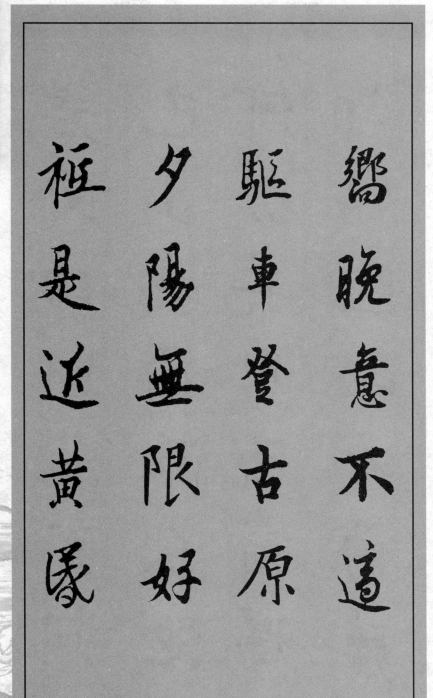

夜雨寄北

李商隐

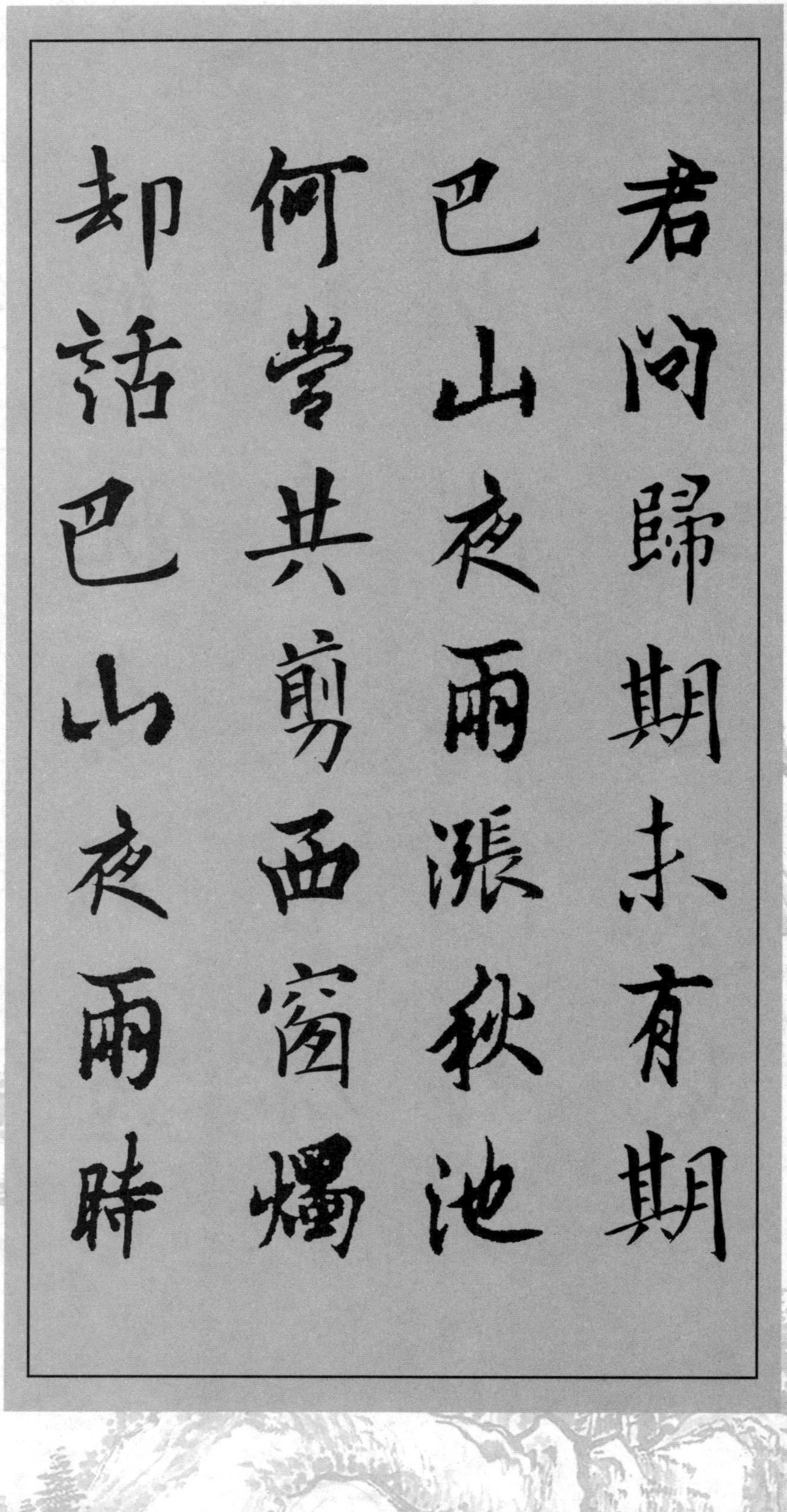

君问归期未有期，巴山夜雨涨秋池。
何当共剪西窗烛，却话巴山夜雨时。

颜真卿行书

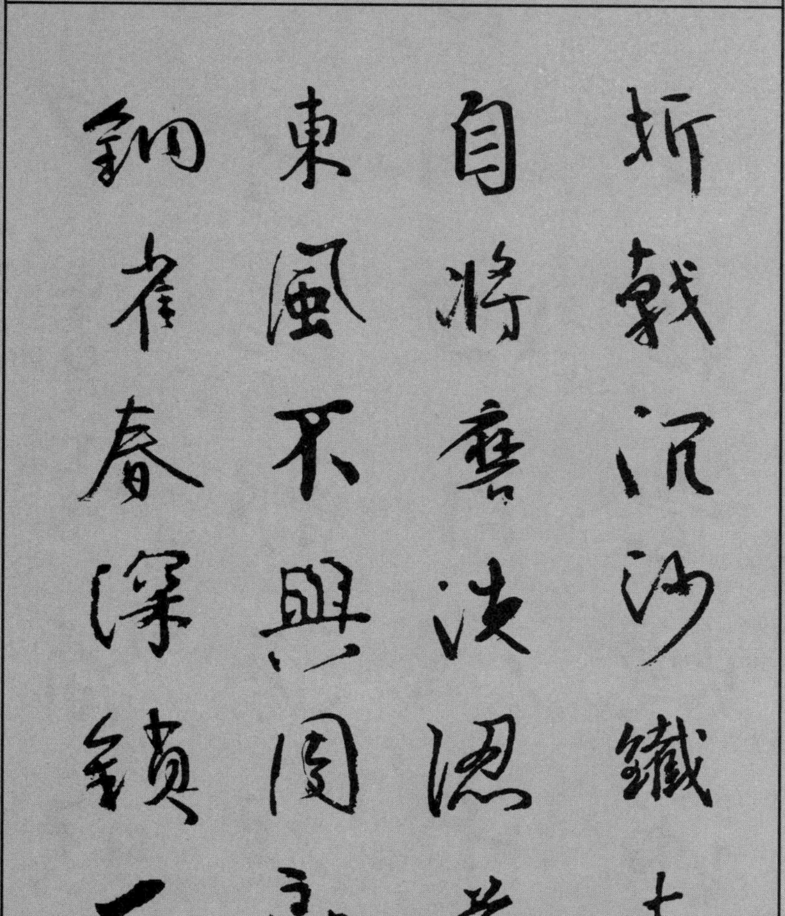

赤壁

杜　牧

折戟沉沙铁未销，自将磨洗认前朝。
东风不与周郎便，铜雀春深锁二乔。

江南春

杜 牧

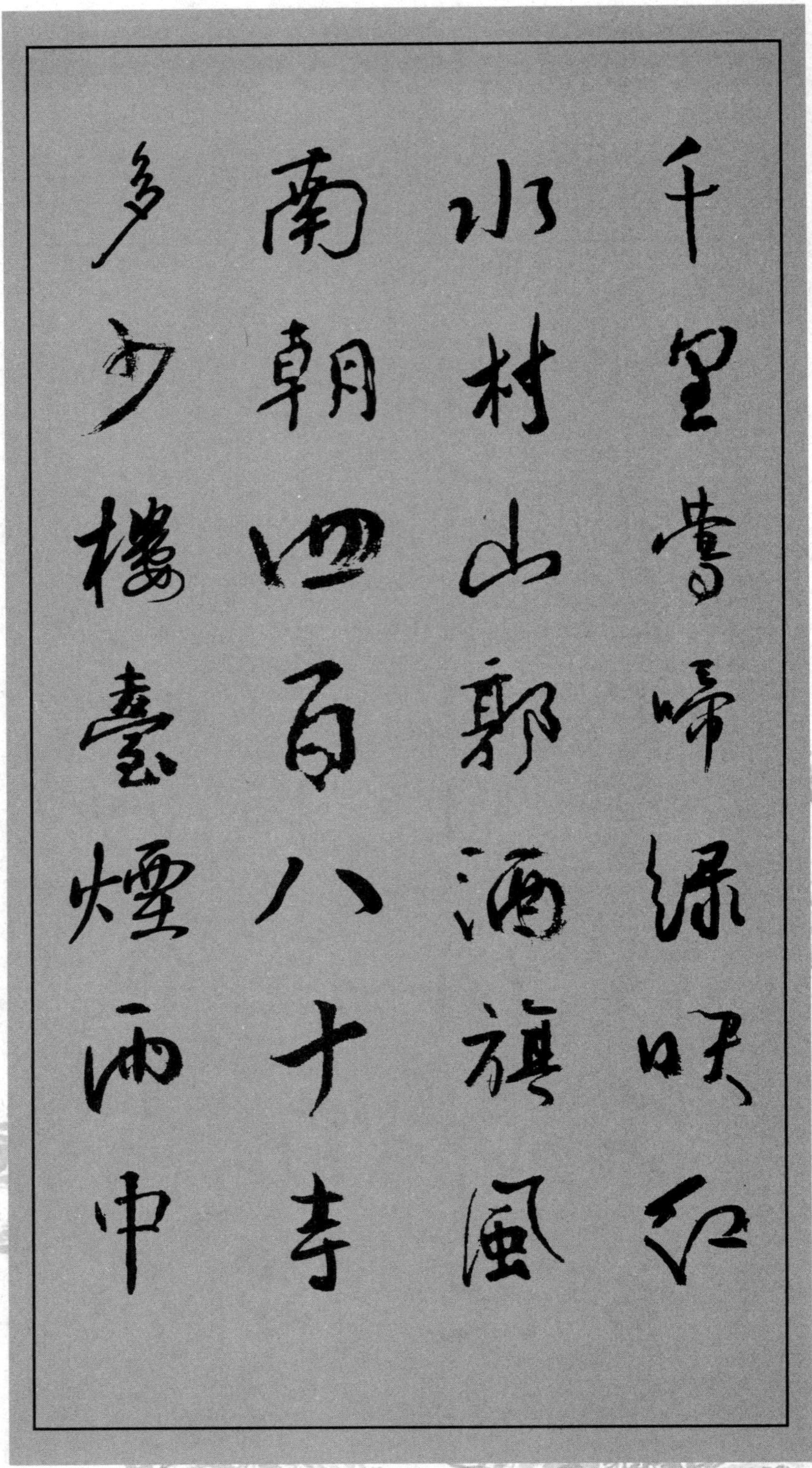

千里莺啼绿映红，水村山郭酒旗风。
南朝四百八十寺，多少楼台烟雨中。

题乌江亭

杜牧

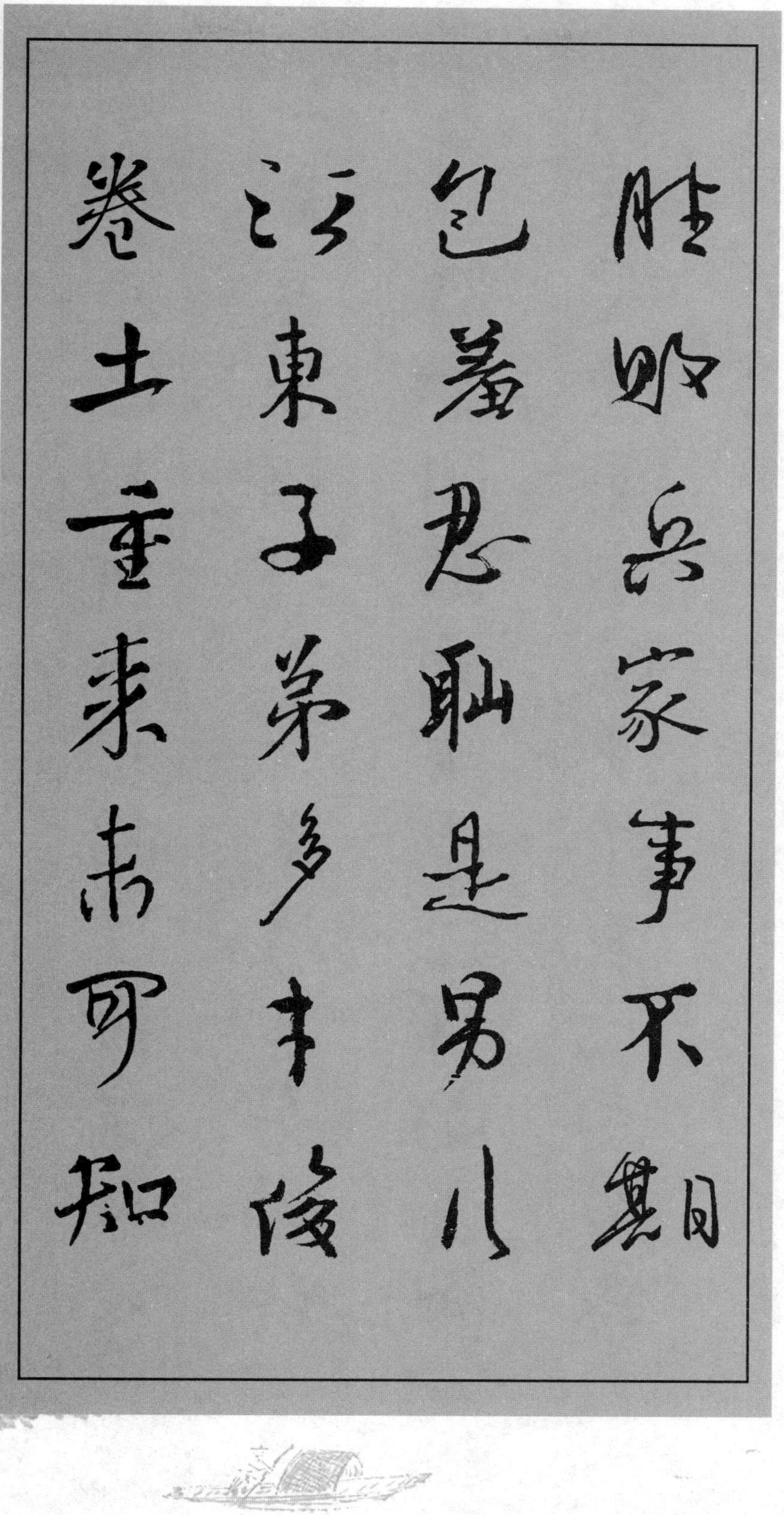

胜败兵家事不期，包羞忍耻是男儿。
江东子弟多才俊，卷土重来未可知。

闻官军收河南河北

杜甫

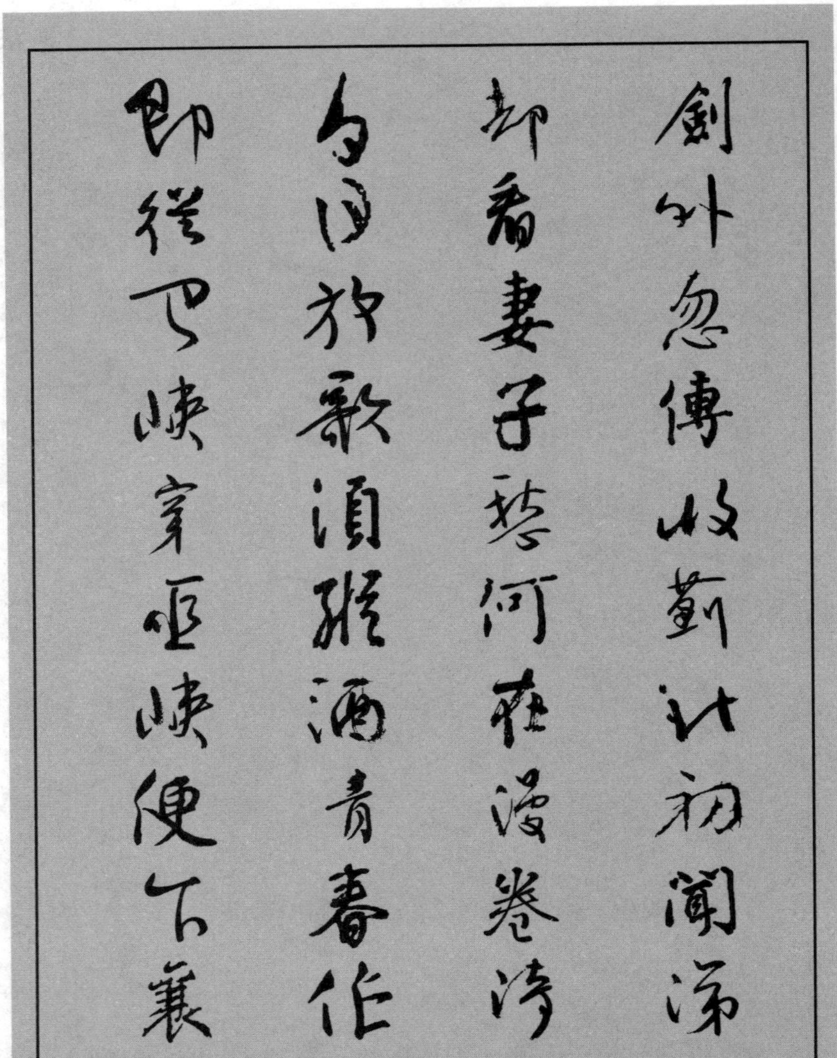
劍外忽傳收薊北初聞涕淚滿衣裳
却看妻子愁何在漫卷詩書喜欲狂
白日放歌須縱酒青春作伴好還鄉
即從巴峽穿巫峽便下襄陽向洛陽

剑外忽传收蓟北，初闻涕泪满衣裳。却看妻子愁何在，漫卷诗书喜欲狂。
白日放歌须纵酒，青春作伴好还乡。即从巴峡穿巫峡，便下襄阳向洛阳。

望天门山

李白

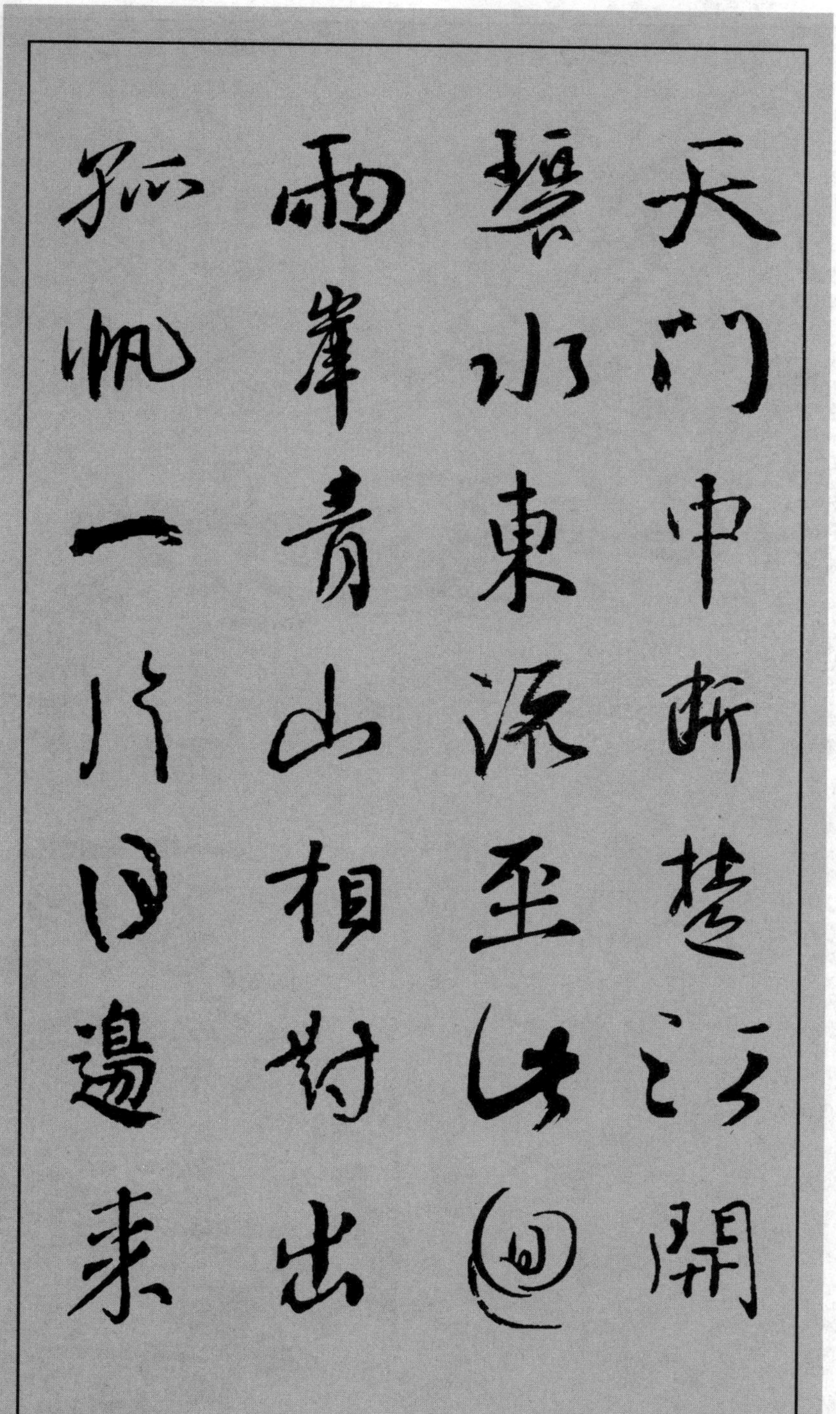

天门中断楚江开，碧水东流至此回。
两岸青山相对出，孤帆一片日边来。

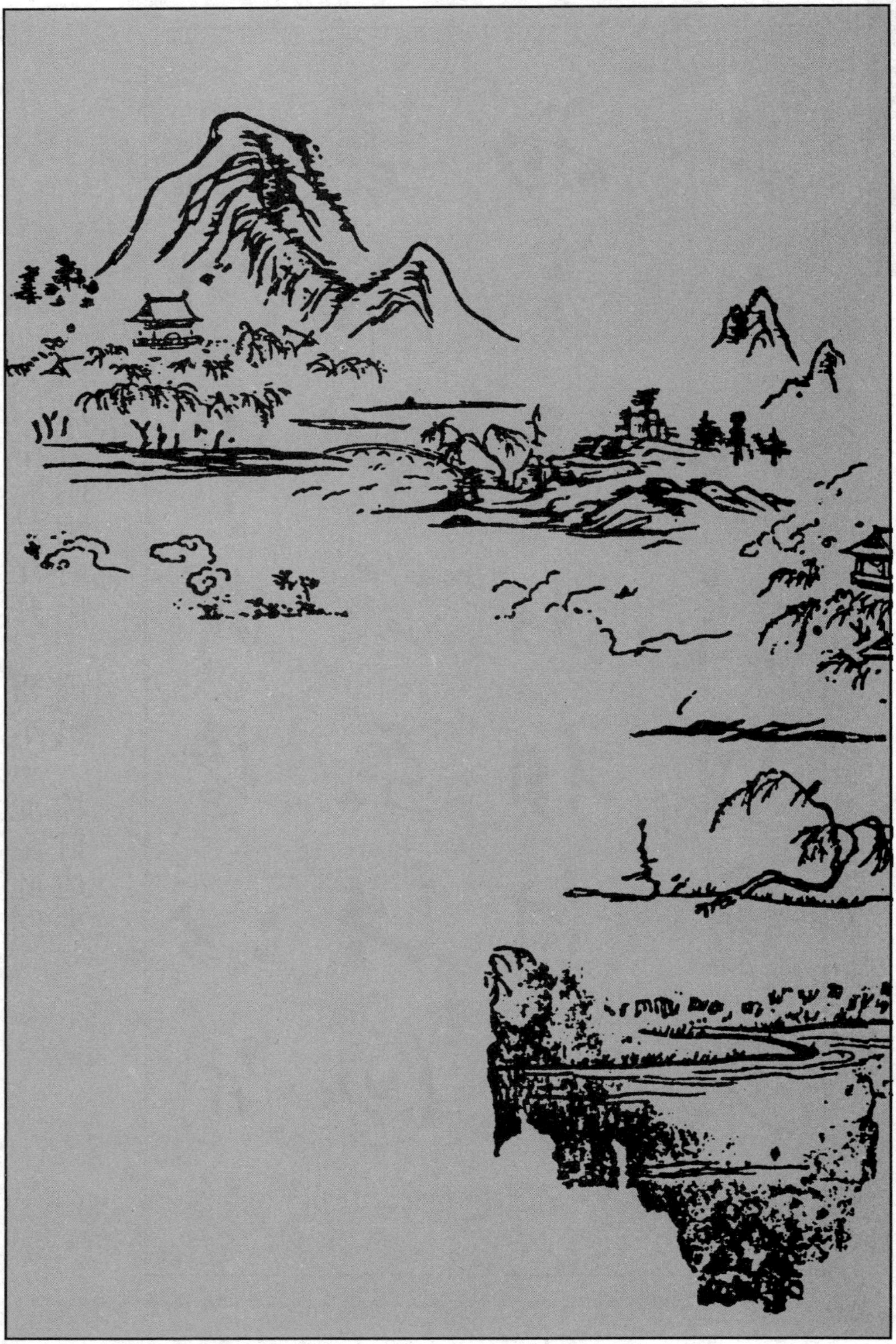

春夜喜雨

杜　甫

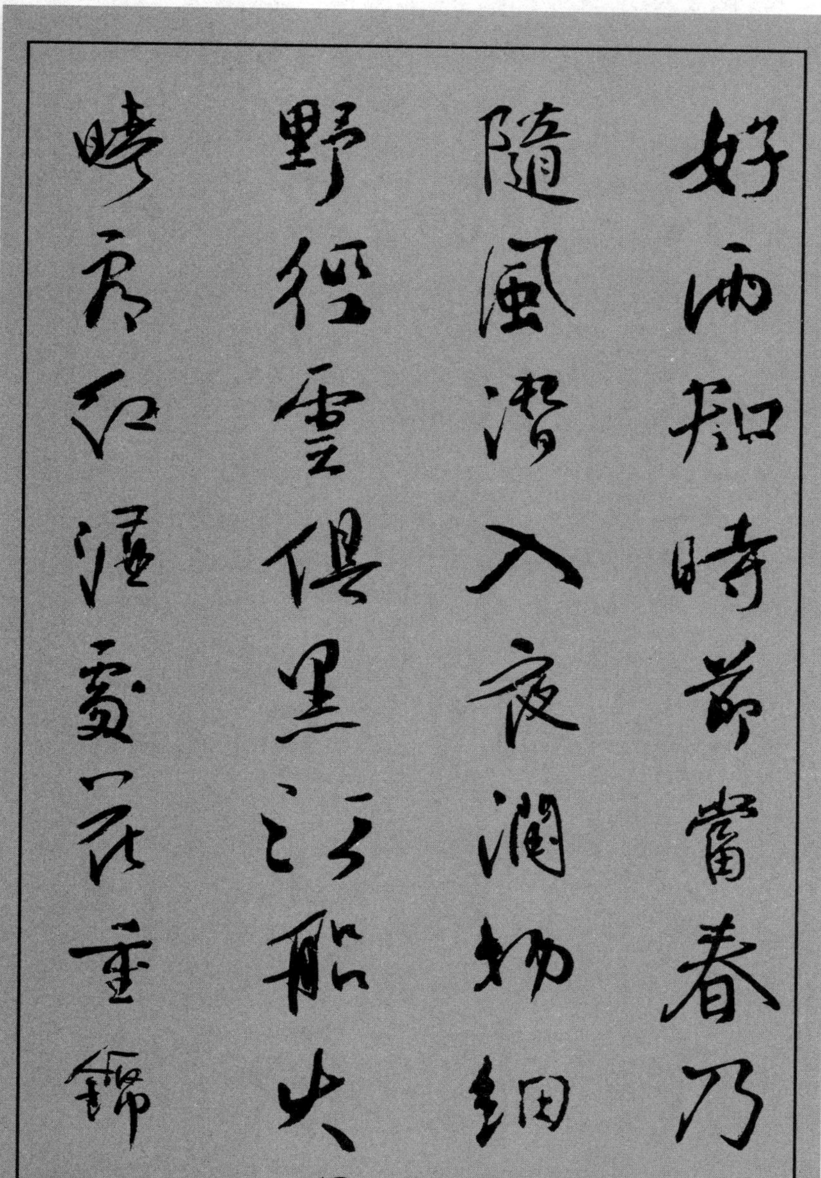

好雨知时节，当春乃发生。
随风潜入夜，润物细无声。
野径云俱黑，江船火独明。
晓看红湿处，花重锦官城。

赠汪伦

李白

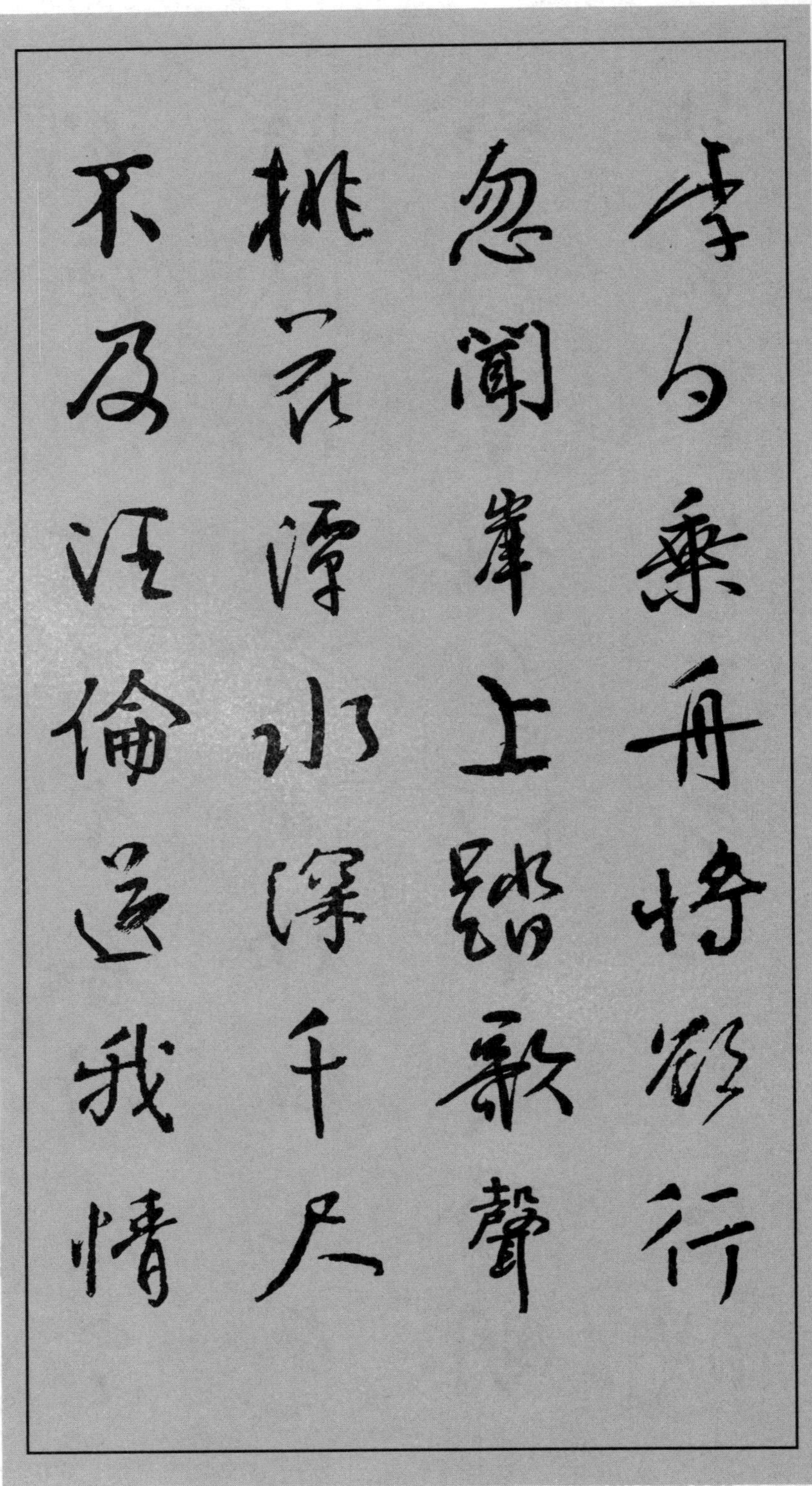

李白乘舟将欲行，忽闻岸上踏歌声。
桃花潭水深千尺，不及汪伦送我情。

闻王昌龄左迁龙标遥有此寄

李白

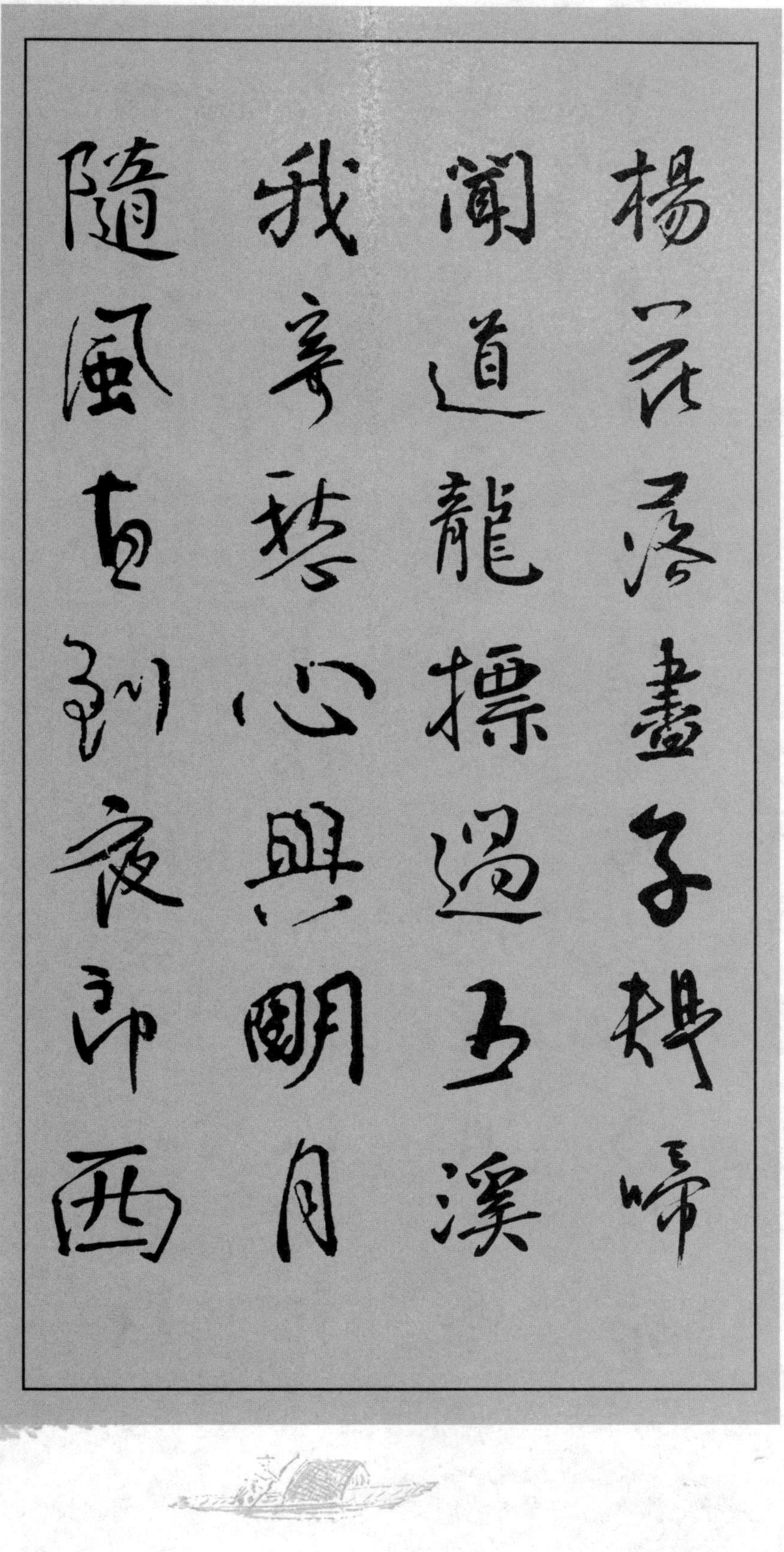

杨花落尽子规啼，闻道龙标过五溪。
我寄愁心与明月，随风直到夜郎西。

无题·相见时难别亦难

李商隐

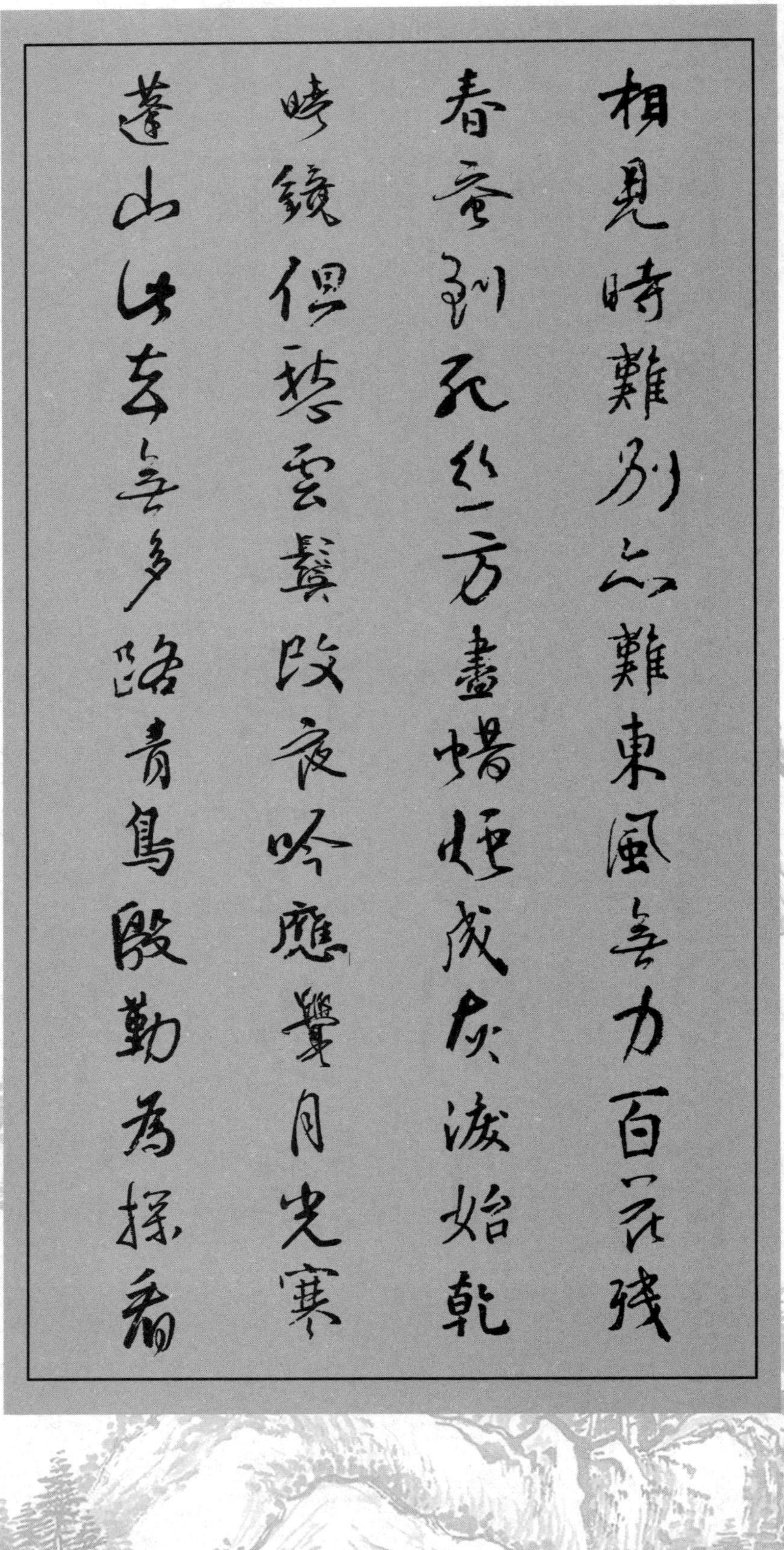
相見時難別亦難東風無力百花殘
春蠶到死絲方盡蠟炬成灰淚始乾
曉鏡但愁雲鬢改夜吟應覺月光寒
蓬山此去無多路青鳥殷勤為探看

相见时难别亦难，东风无力百花残。春蚕到死丝方尽，蜡炬成灰泪始干。
晓镜但愁云鬓改，夜吟应觉月光寒。蓬山此去无多路，青鸟殷勤为探看。

金缕衣

杜秋娘

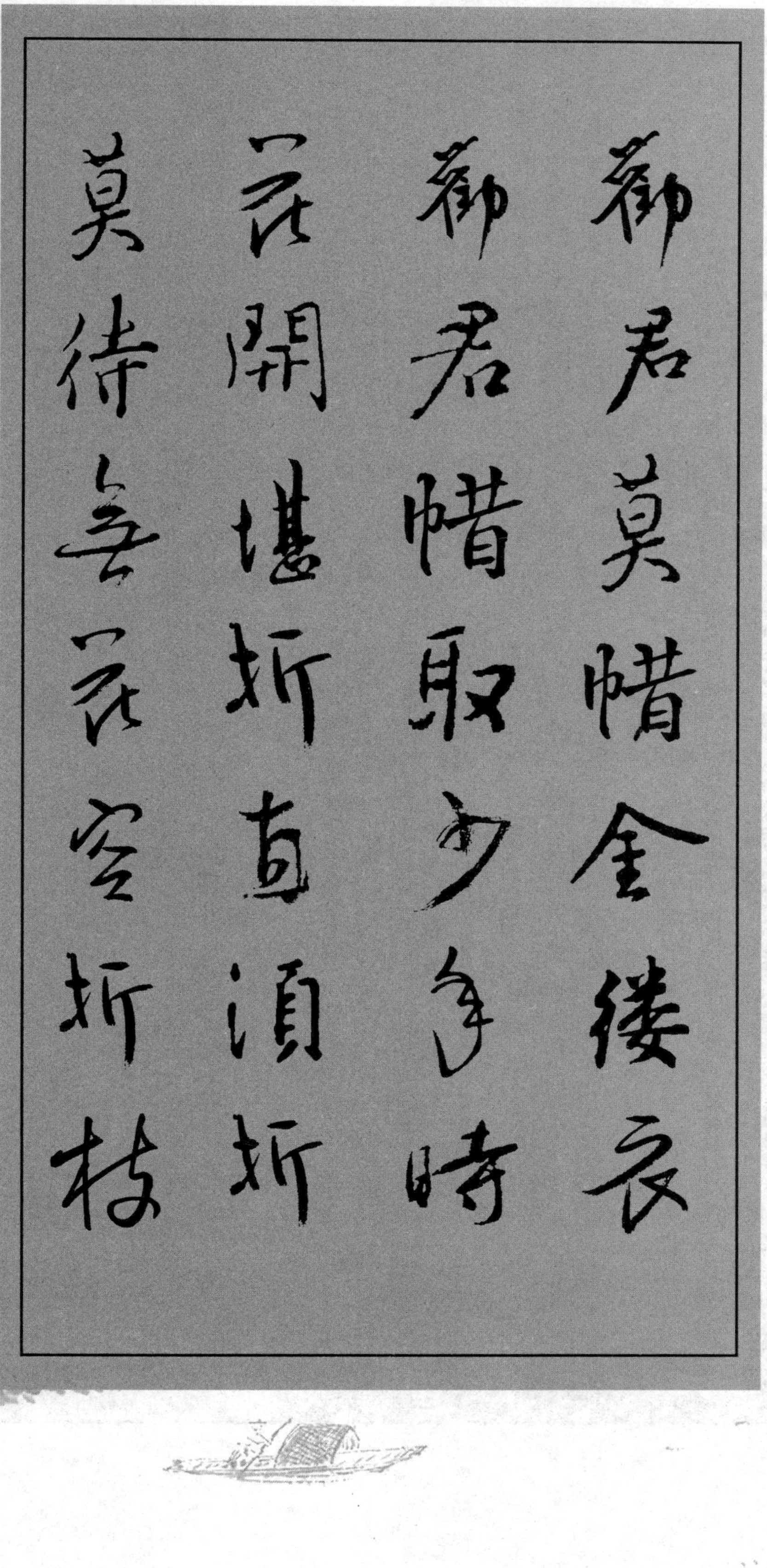

劝君莫惜金缕衣，劝君惜取少年时。
花开堪折直须折，莫待无花空折枝。

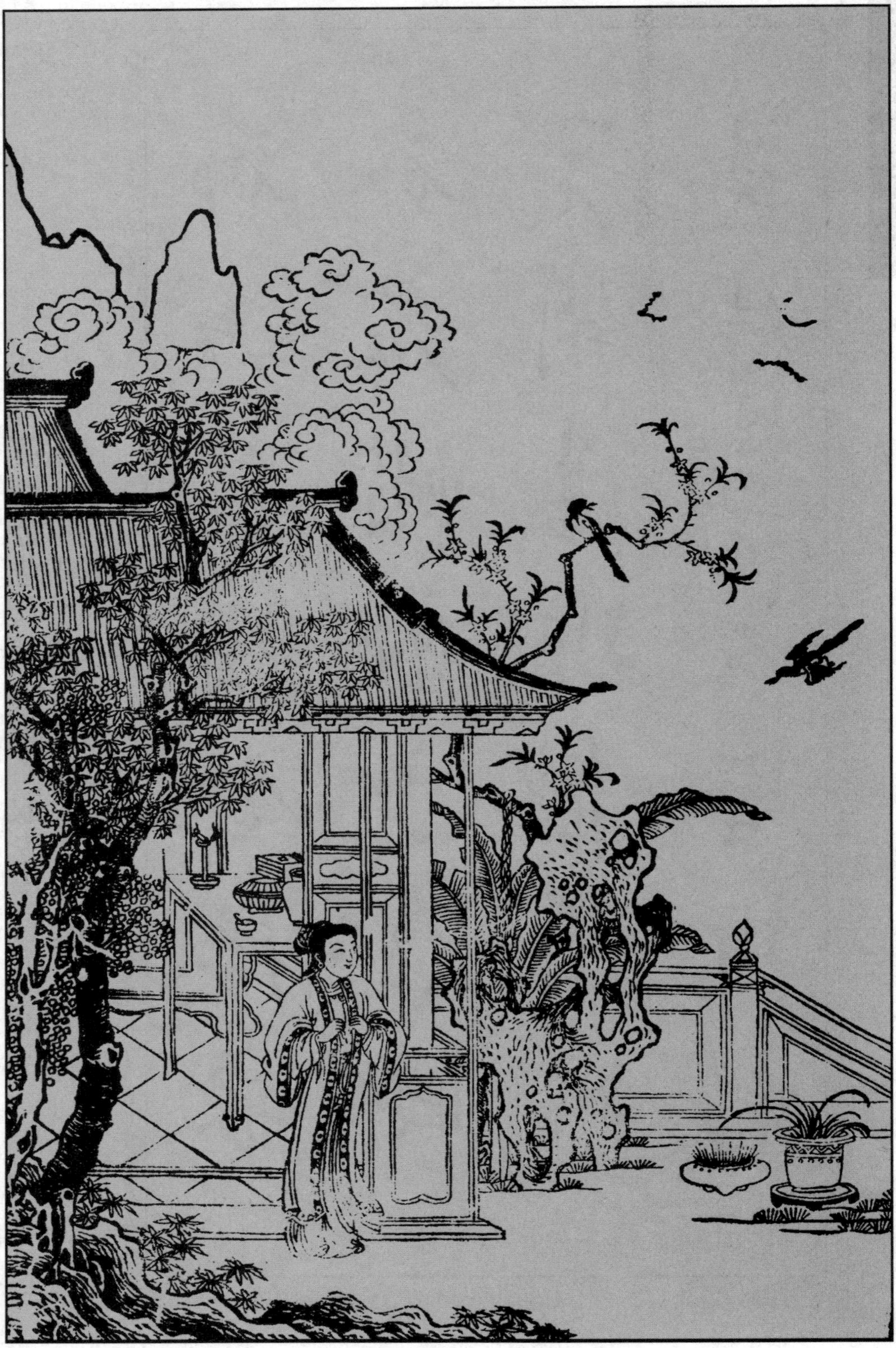

凉州词二首·其一

王翰

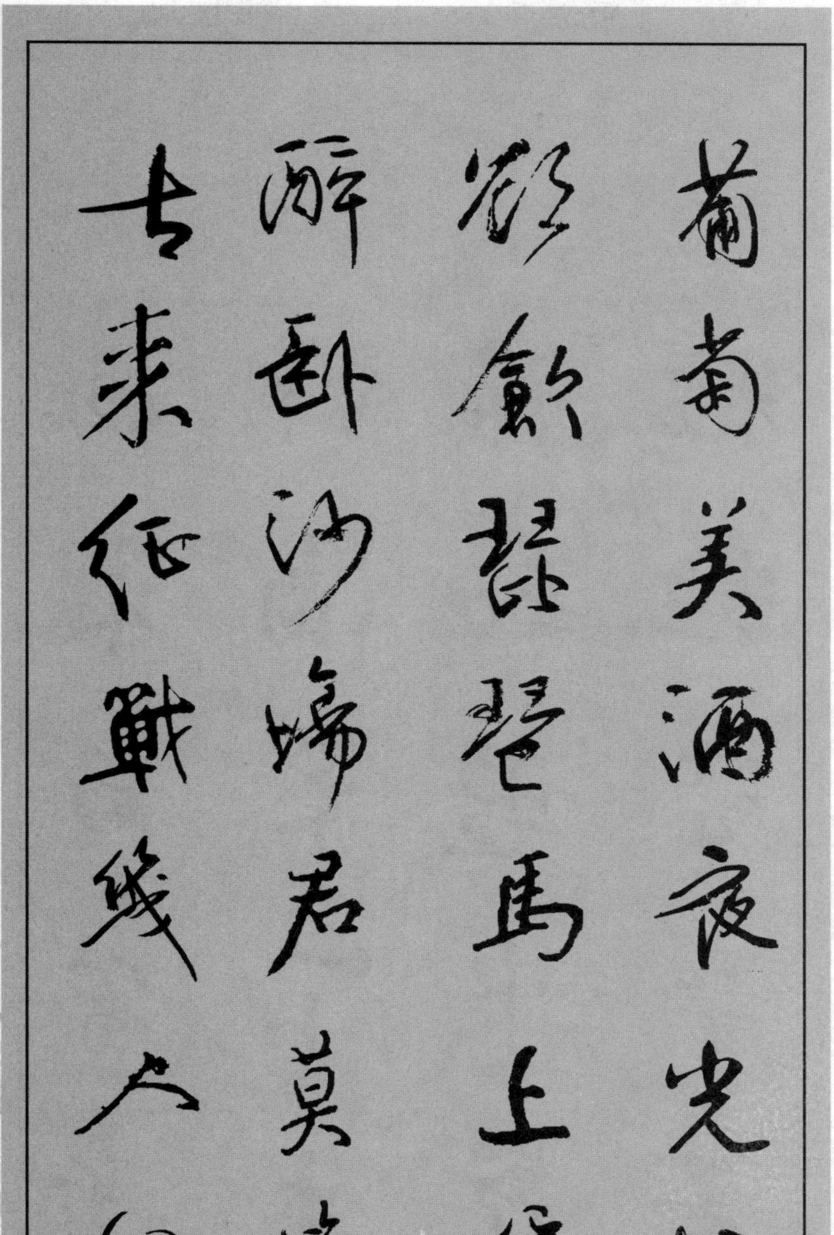

葡萄美酒夜光杯，欲饮琵琶马上催。
醉卧沙场君莫笑，古来征战几人回？

悯农二首·其二

李绅

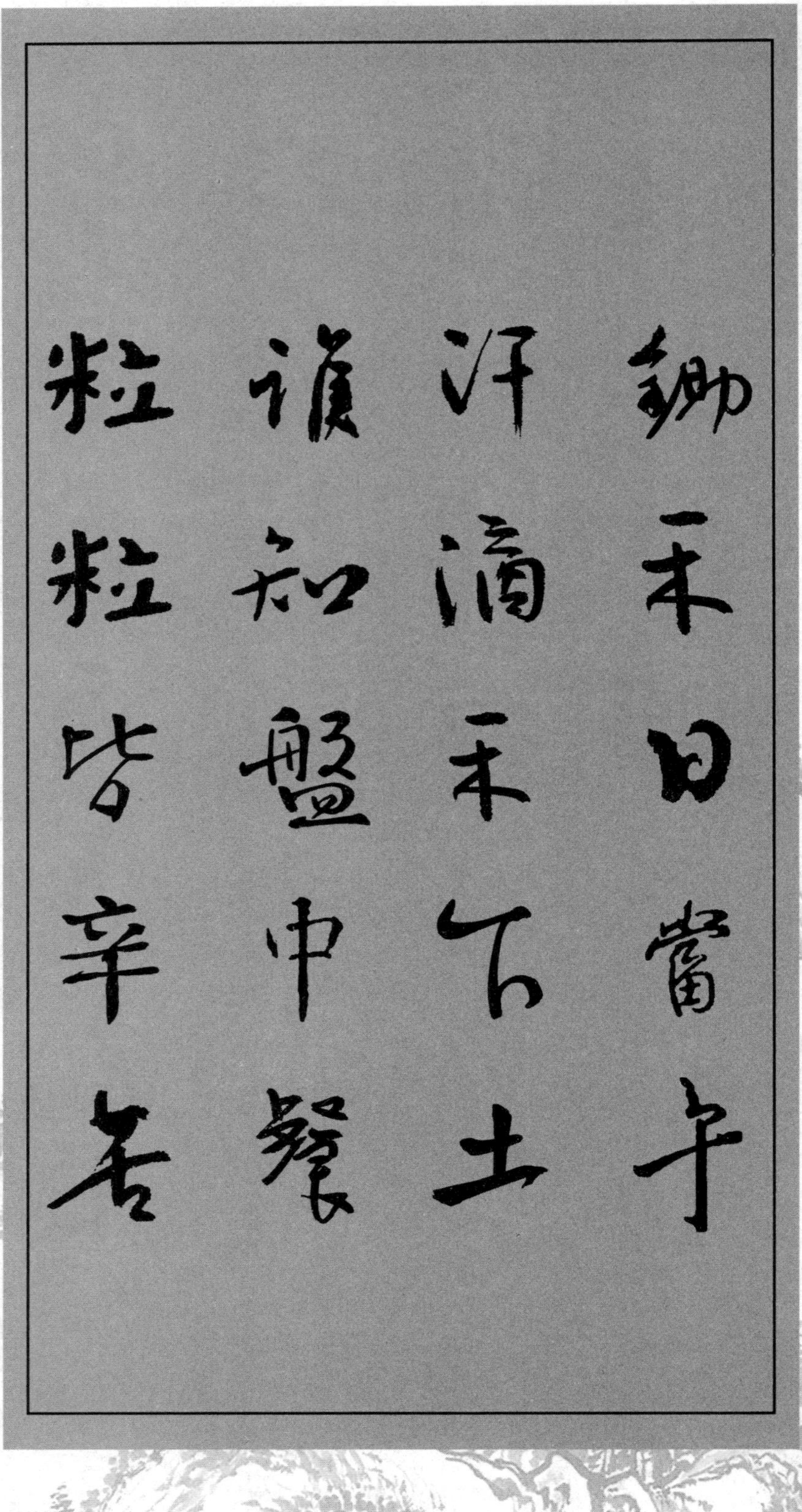
鋤禾日當午
汗滴禾下土
誰知盤中餐
粒粒皆辛苦

锄禾日当午，汗滴禾下土。
谁知盘中餐，粒粒皆辛苦。

苏轼行书

八阵图

杜甫

功蓋三分國
名成八陣圖
江流石不轉
遺恨失吞吳

功盖三分国，名成八阵图。
江流石不转，遗恨失吞吴。

绝句

杜甫

兩箇黄鸝鳴翠柳
一行白鷺上青天
窻含西嶺千秋雪
門泊東吳萬里船

两个黄鹂鸣翠柳，一行白鹭上青天。
窗含西岭千秋雪，门泊东吴万里船。

寒雨連江夜入吳
平明送客楚山孤
洛陽親友如相問
一片冰心在玉壺

芙蓉楼送辛渐

王昌龄

寒雨连江夜入吴，平明送客楚山孤。
洛阳亲友如相问，一片冰心在玉壶。

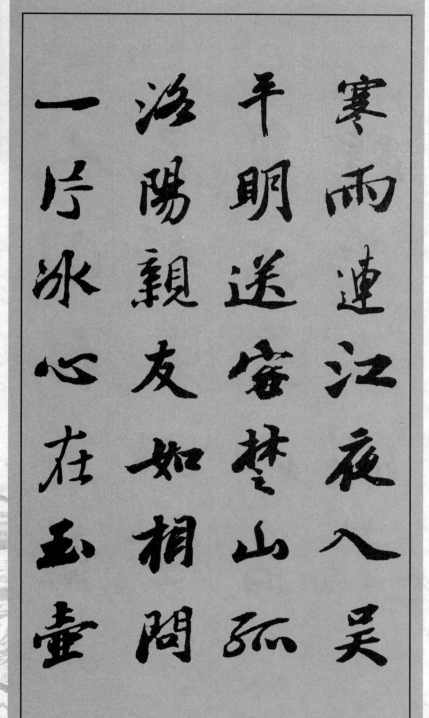

鸟鸣涧

王维

人闲桂花落
夜静春山空
月出惊山鸟
時鳴春澗中

人闲桂花落，夜静春山空。
月出惊山鸟，时鸣春涧中。

独坐幽篁里，弹琴复长啸。
深林人不知，明月来相照。

獨坐幽篁裏
彈琴復長嘯
深林人不知
明月來相照

竹里馆

王维

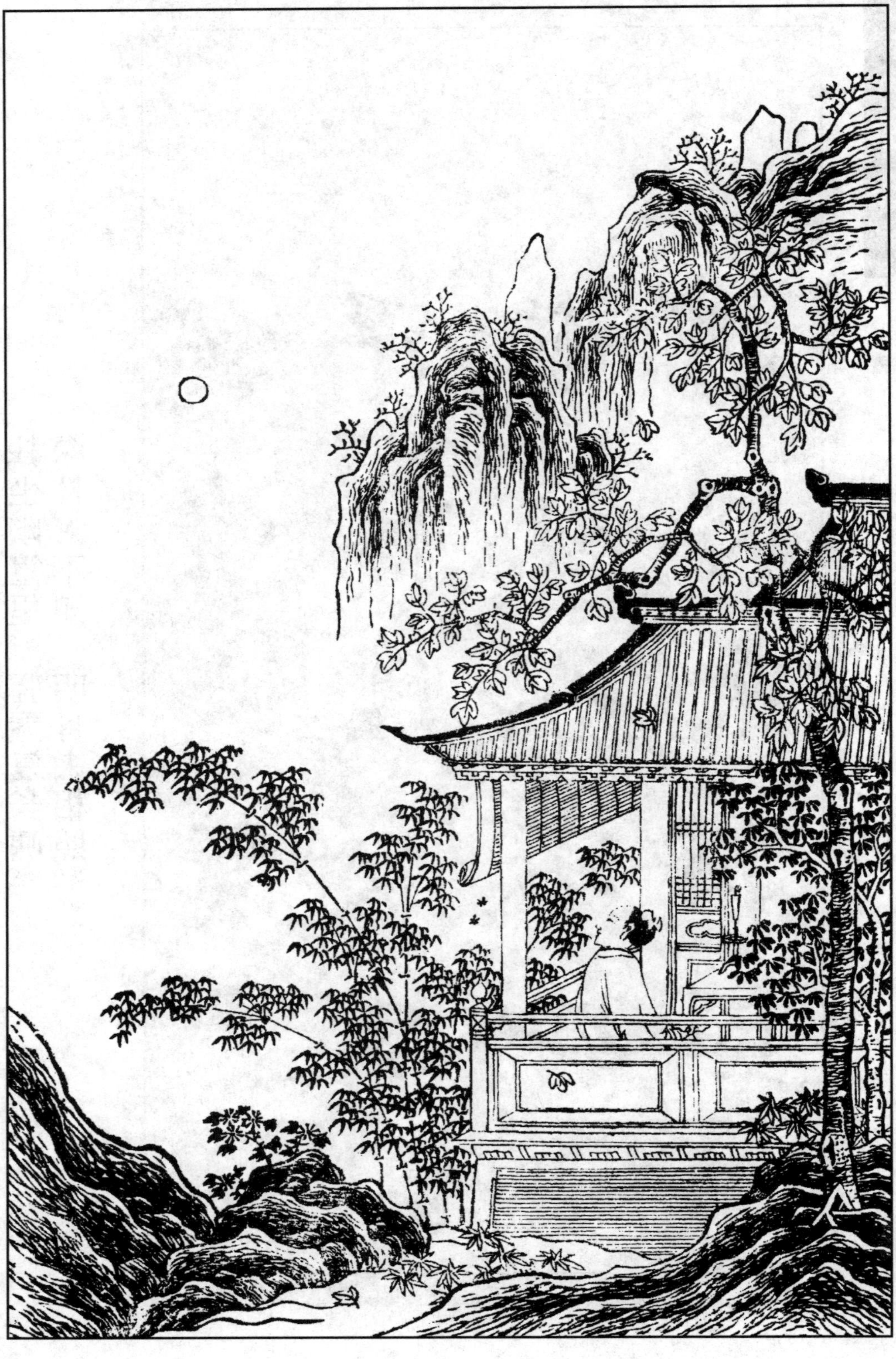

杂诗

王 维

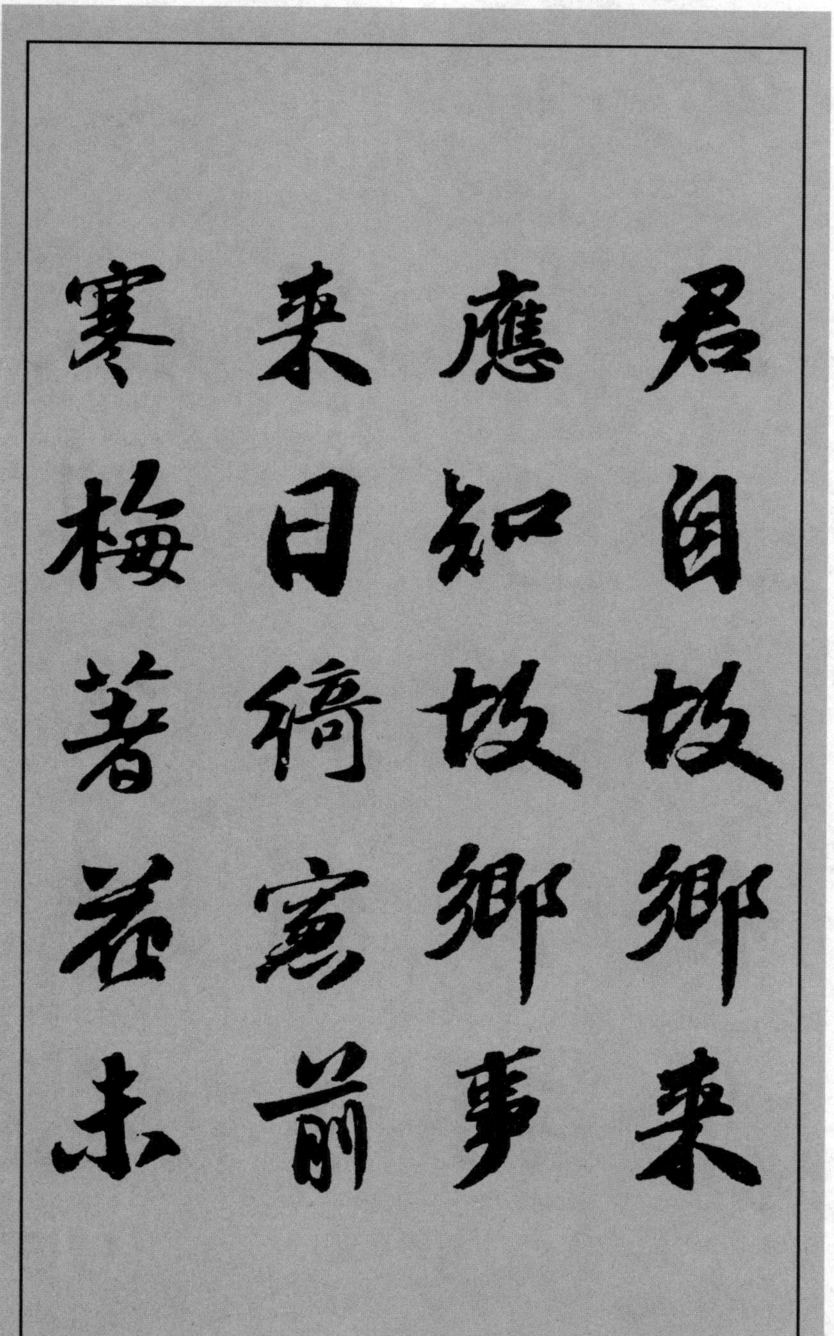

君自故乡来，应知故乡事。
来日绮窗前，寒梅著花未。

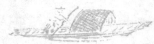

和张仆射塞下曲六首·其二

卢纶

林闇草驚風
将軍夜引弓
平明尋白羽
没在石稜中

林暗草惊风，将军夜引弓。
平明寻白羽，没在石棱中。

望月怀远

张九龄

海上生明月天涯共此時
情人怨遙夜竟夕起相思
滅燭憐光滿披衣覺露滋
不堪盈手贈還寢夢佳期

海上生明月，天涯共此时。
情人怨遥夜，竟夕起相思。
灭烛怜光满，披衣觉露滋。
不堪盈手赠，还寝梦佳期。

八阵图

杜甫

米芾行书

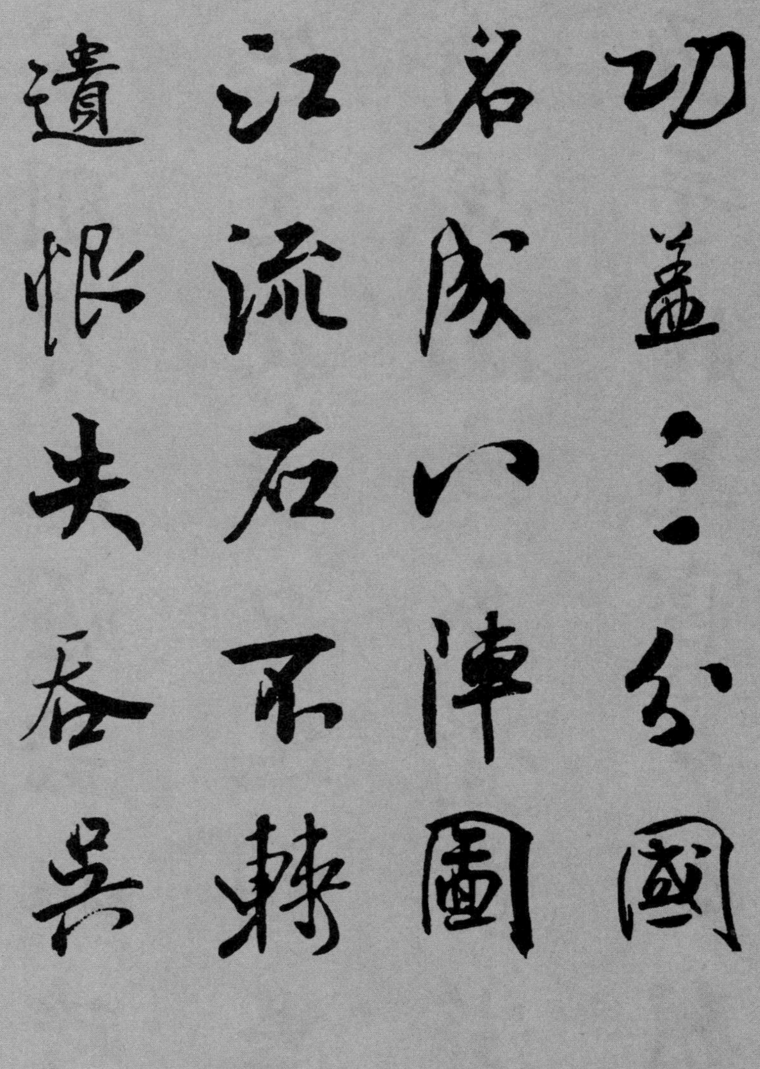
功盖三分國
名成八陣圖
江流石不轉
遺恨失吞吳

功盖三分国，名成八阵图。
江流石不转，遗恨失吞吴。

客至

杜　甫

舍南舍北皆春水，但见群鸥日日来。
花径不曾缘客扫，蓬门今始为君开。
盘飧市远无兼味，樽酒家贫只旧醅。
肯与邻翁相对饮，隔篱呼取尽馀杯。

舍南舍北皆春水但見羣鷗日日來
花徑不曾緣客掃蓬門今始為君開
盤飧市遠無兼味樽酒家貧只舊醅
肯與鄰翁相對飲隔籬呼取盡餘杯

大林寺桃花

白居易

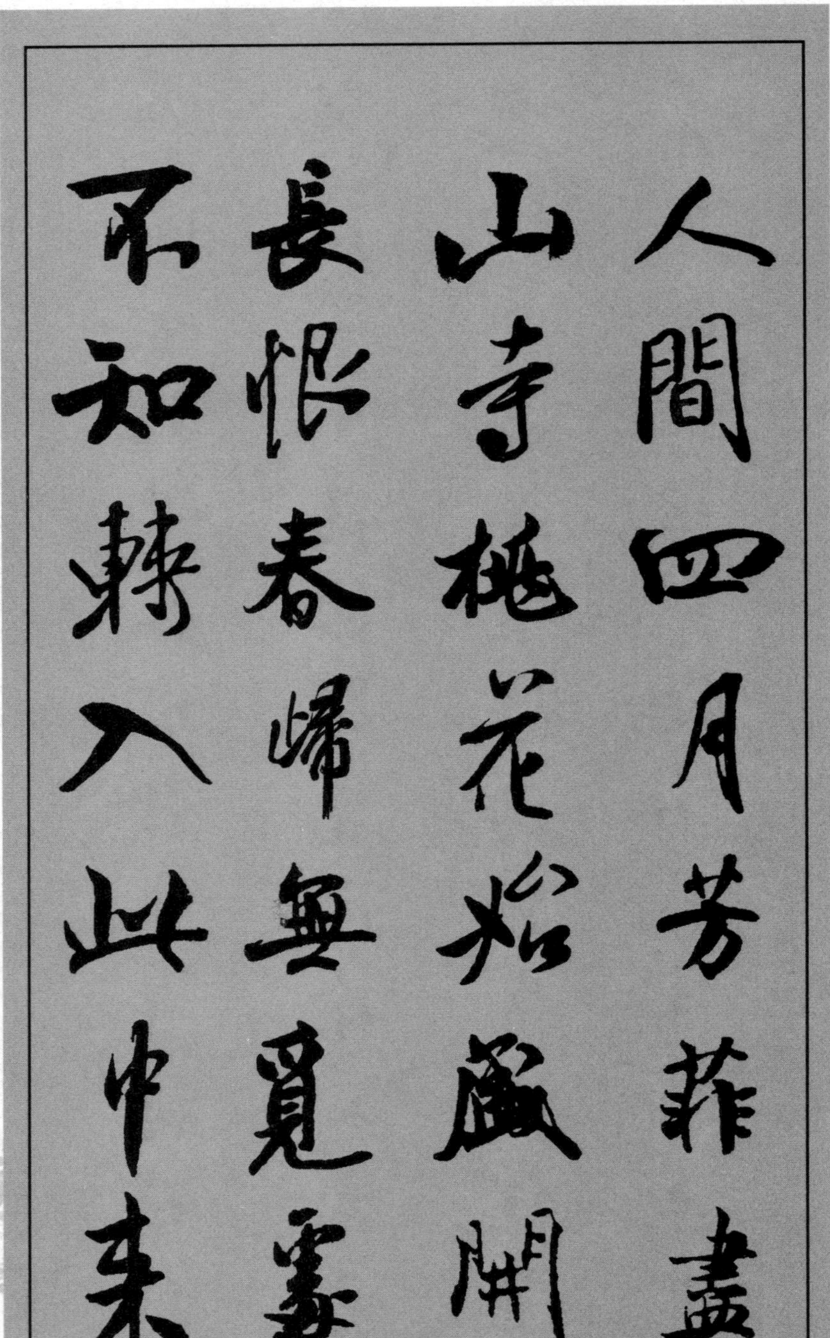
人間四月芳菲盡
山寺桃花始盛開
長恨春歸無覓處
不知轉入此中來

人间四月芳菲尽，山寺桃花始盛开。
长恨春归无觅处，不知转入此中来。

南园十三首·其五

李贺

男兒何不帶吳鉤
收取關山五十州
請君暫上淩烟閣
若箇書生萬戶侯

男儿何不带吴钩，收取关山五十州。
请君暂上凌烟阁，若个书生万户侯？

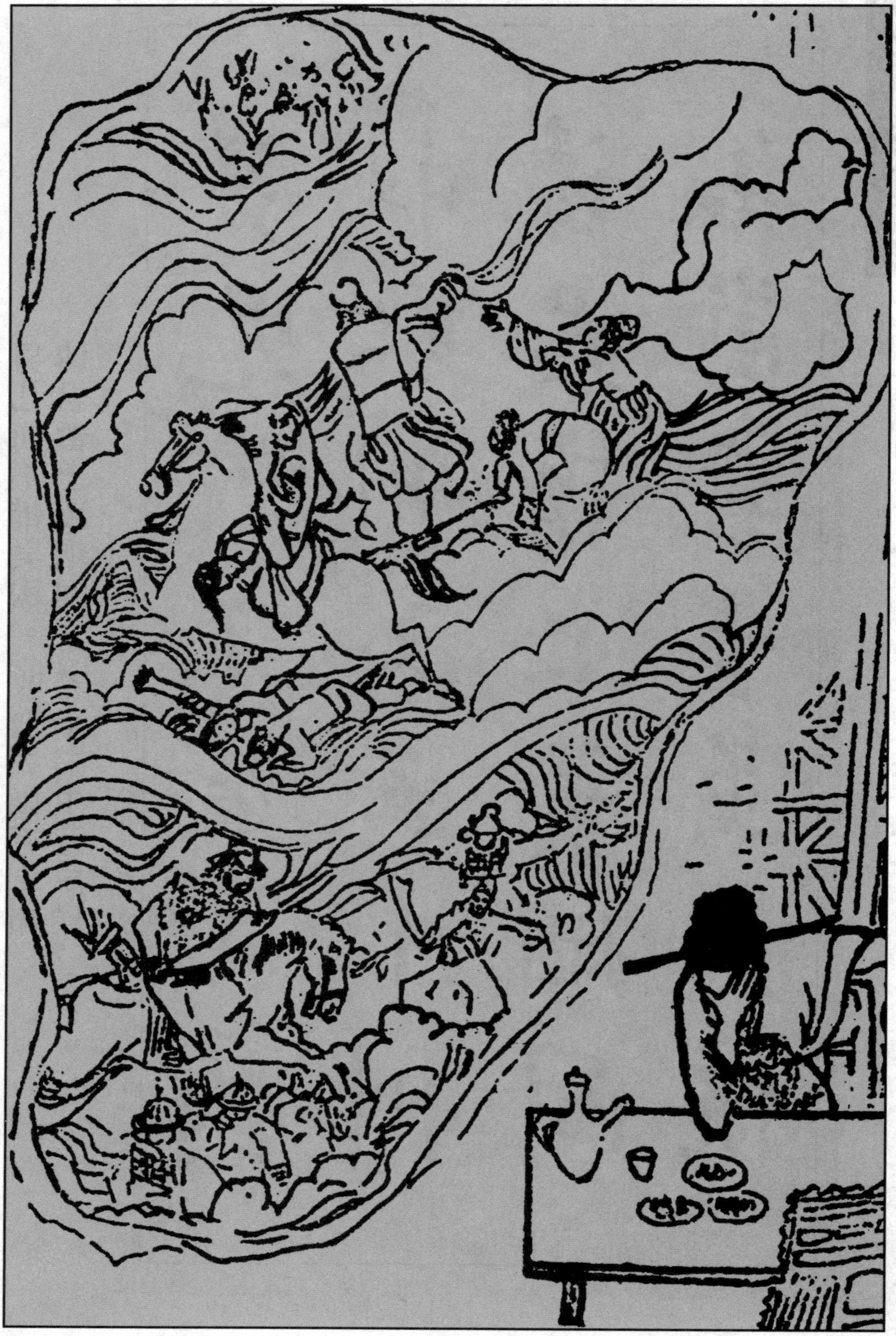

枫桥夜泊

张继

月落烏啼霜满天
江楓漁火對愁眠
姑蘇城外寒山寺
夜半鐘聲到客船

月落乌啼霜满天，江枫渔火对愁眠。
姑苏城外寒山寺，夜半钟声到客船。

照镜见白发

张九龄

宿昔青雲志
蹉跎白髮年
誰知明鏡裏
形影自相憐

宿昔青云志，蹉跎白发年。
谁知明镜里，形影自相怜。

云

来鹄

千形万象竟还空，映水藏山片复重。
无限旱苗枯欲尽，悠悠闲处作奇峰。

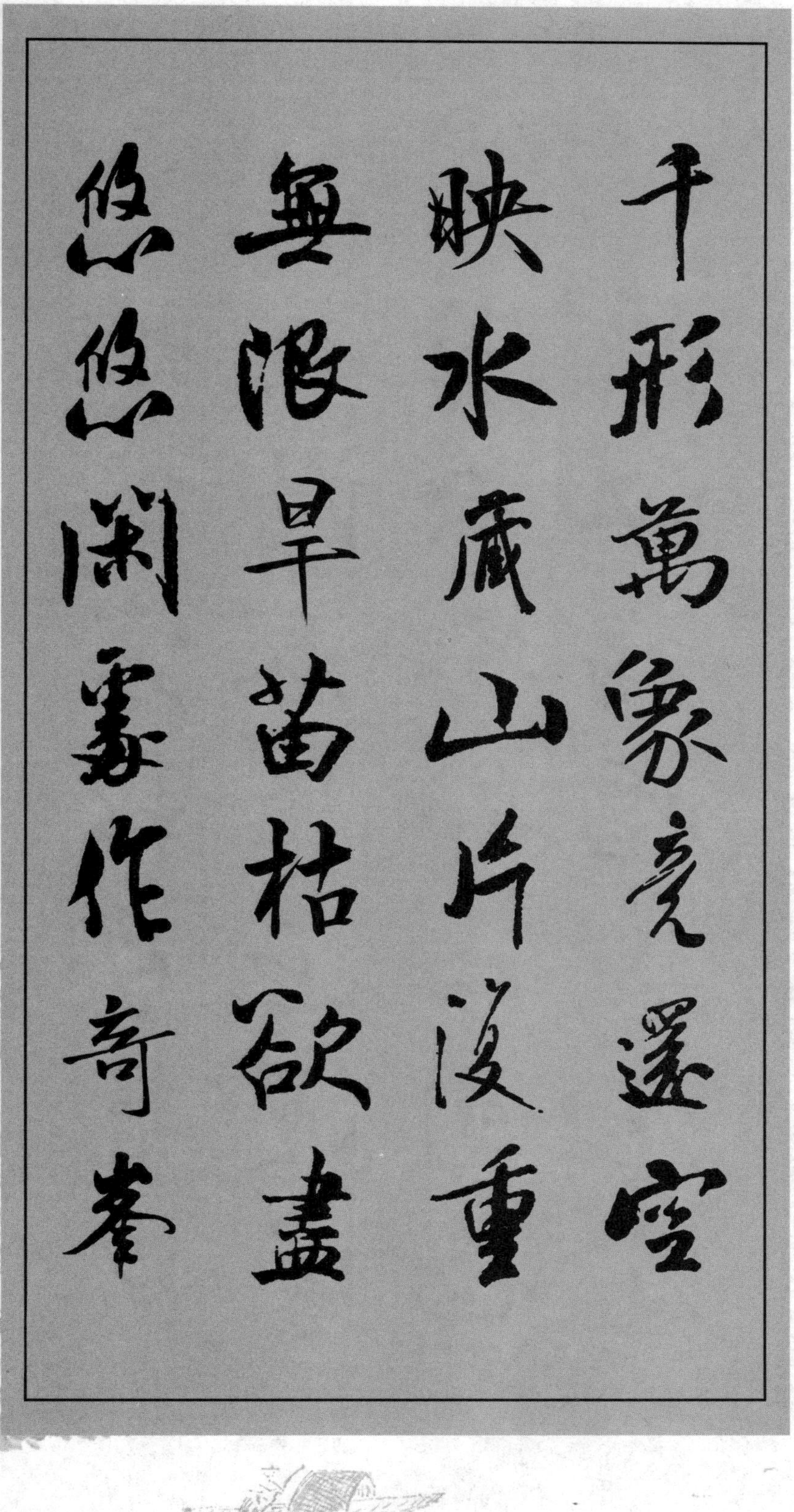
千形萬象竟還空
映水藏山片復重
無限旱苗枯欲盡
悠悠閑處作奇峯

泊秦淮

杜牧

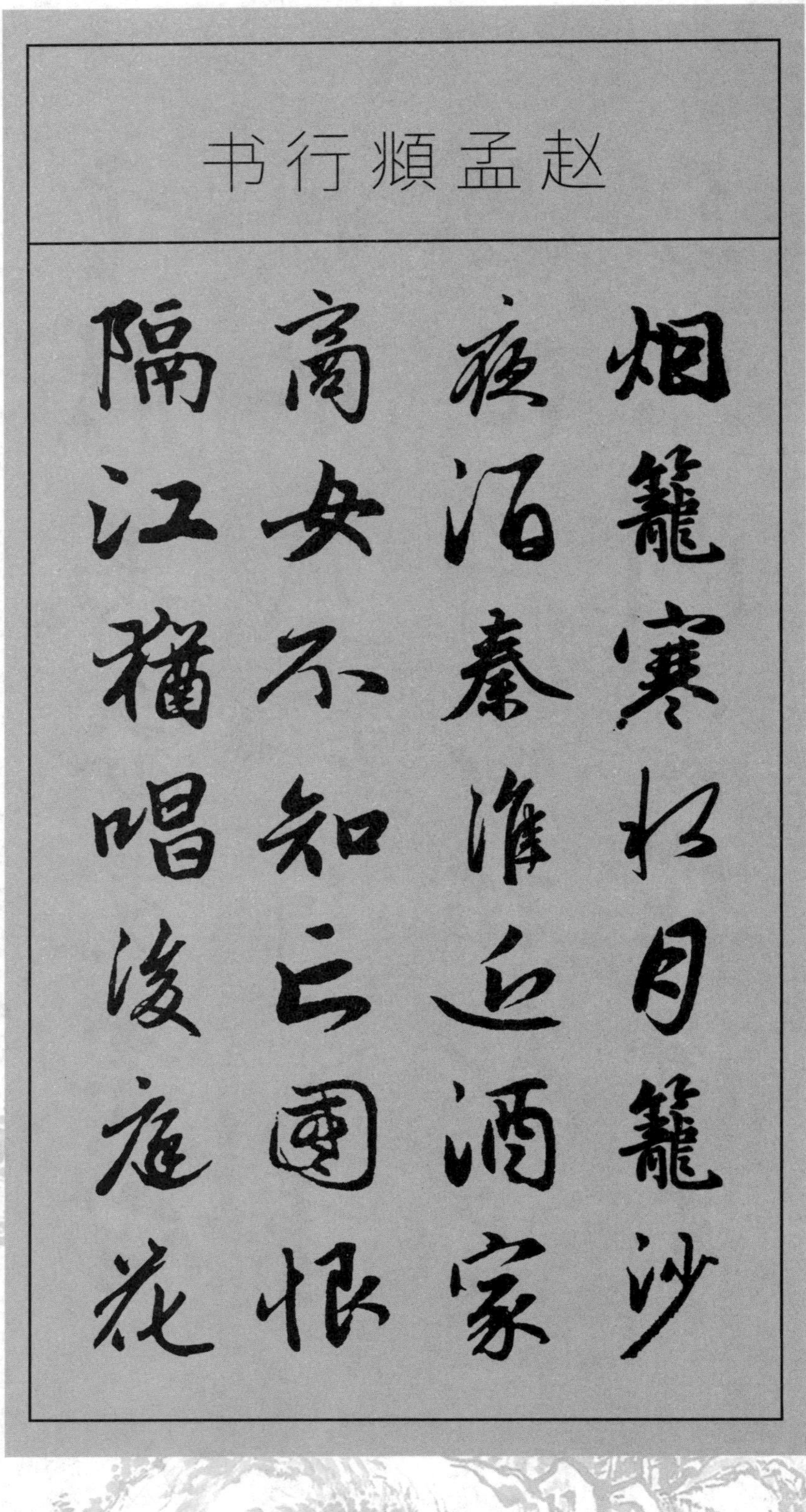

烟笼寒水月笼沙，夜泊秦淮近酒家。
商女不知亡国恨，隔江犹唱后庭花。

金谷园

杜牧

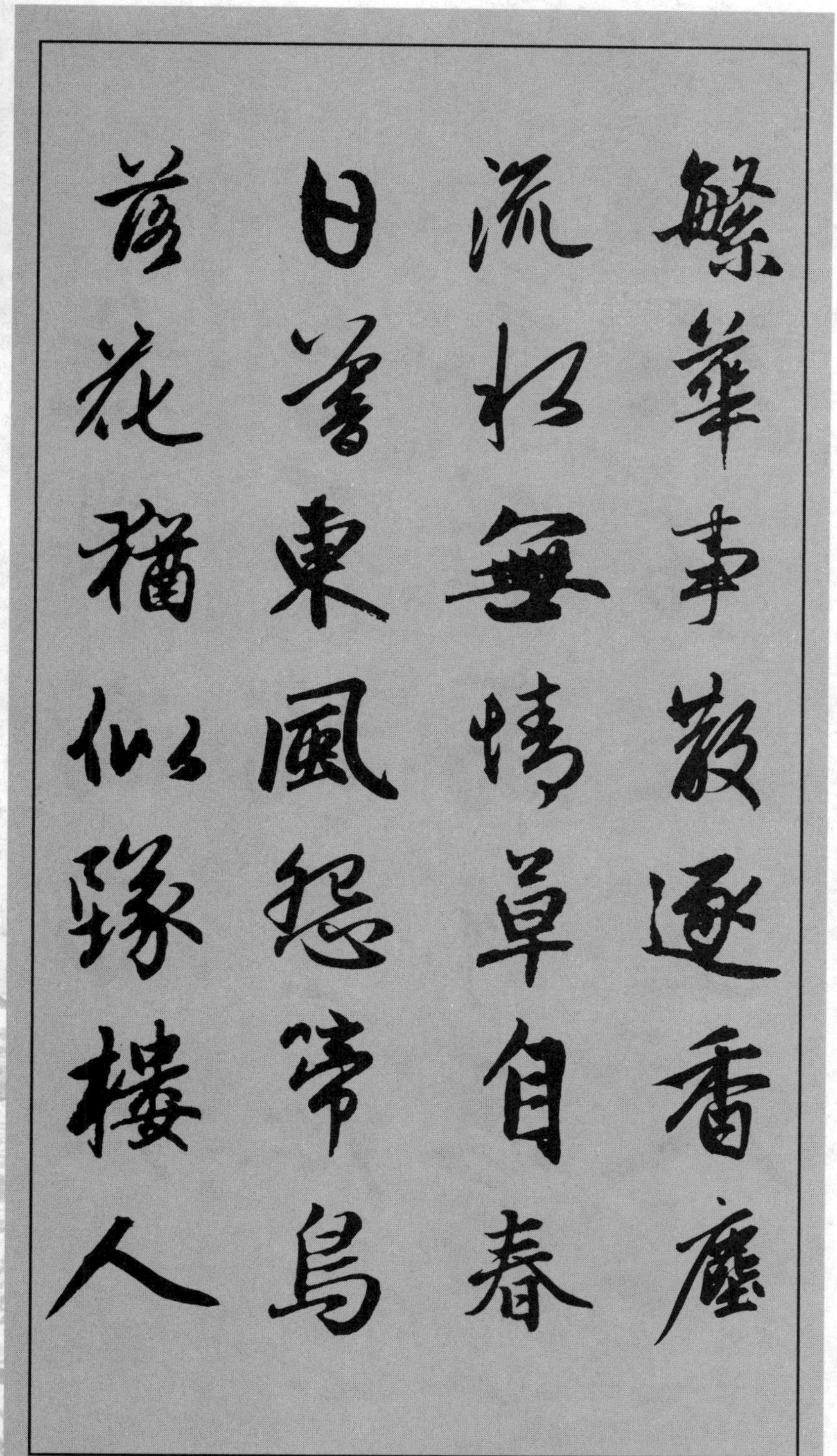
繁華事散逐香塵
流水無情草自春
日暮東風怨啼鳥
落花猶似墜樓人

繁华事散逐香尘，流水无情草自春。
日暮东风怨啼鸟，落花犹似坠楼人。

夜宿山寺

李白

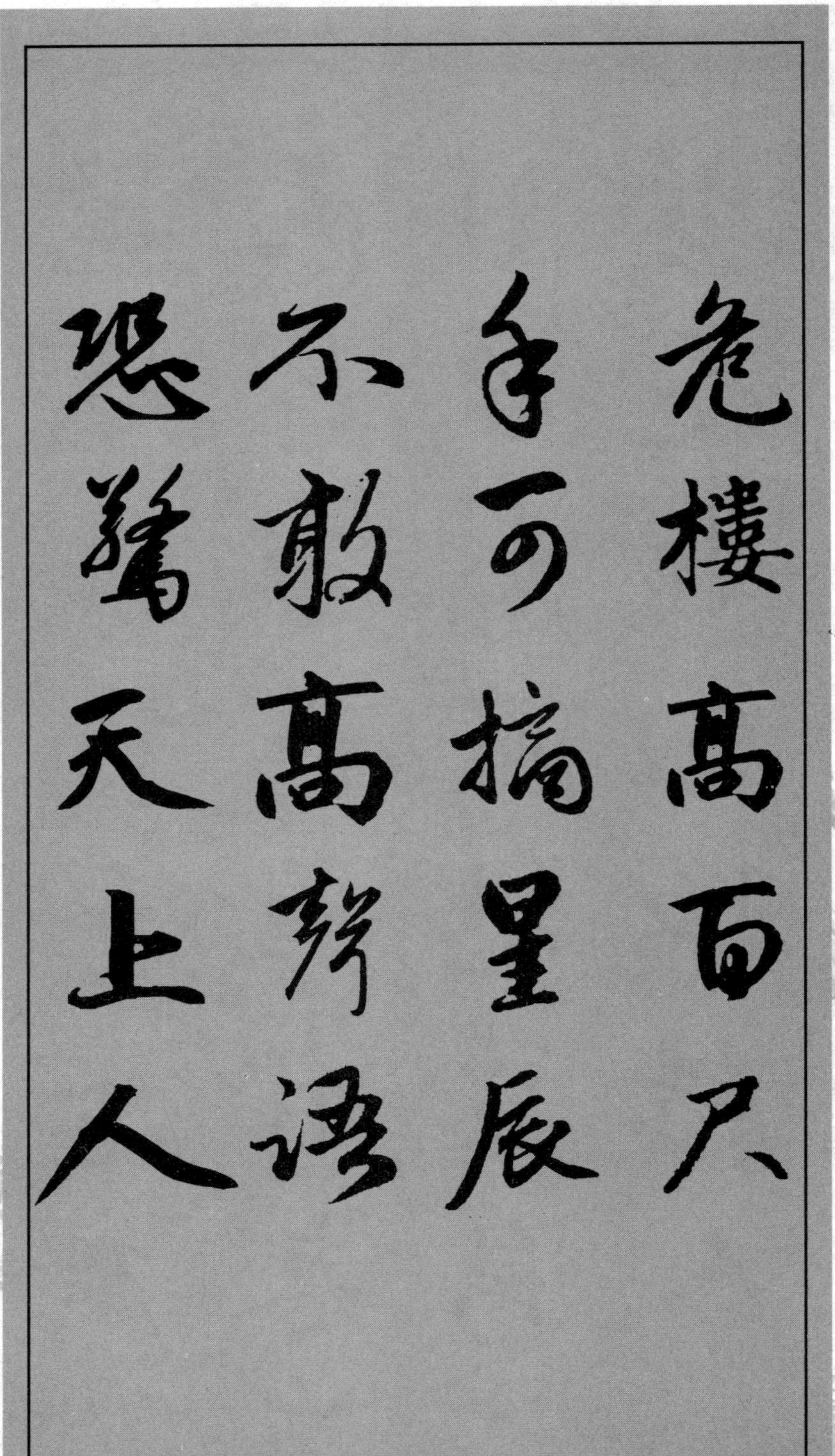

危楼高百尺，手可摘星辰。
不敢高声语，恐惊天上人。

从军行七首·其四

王昌龄

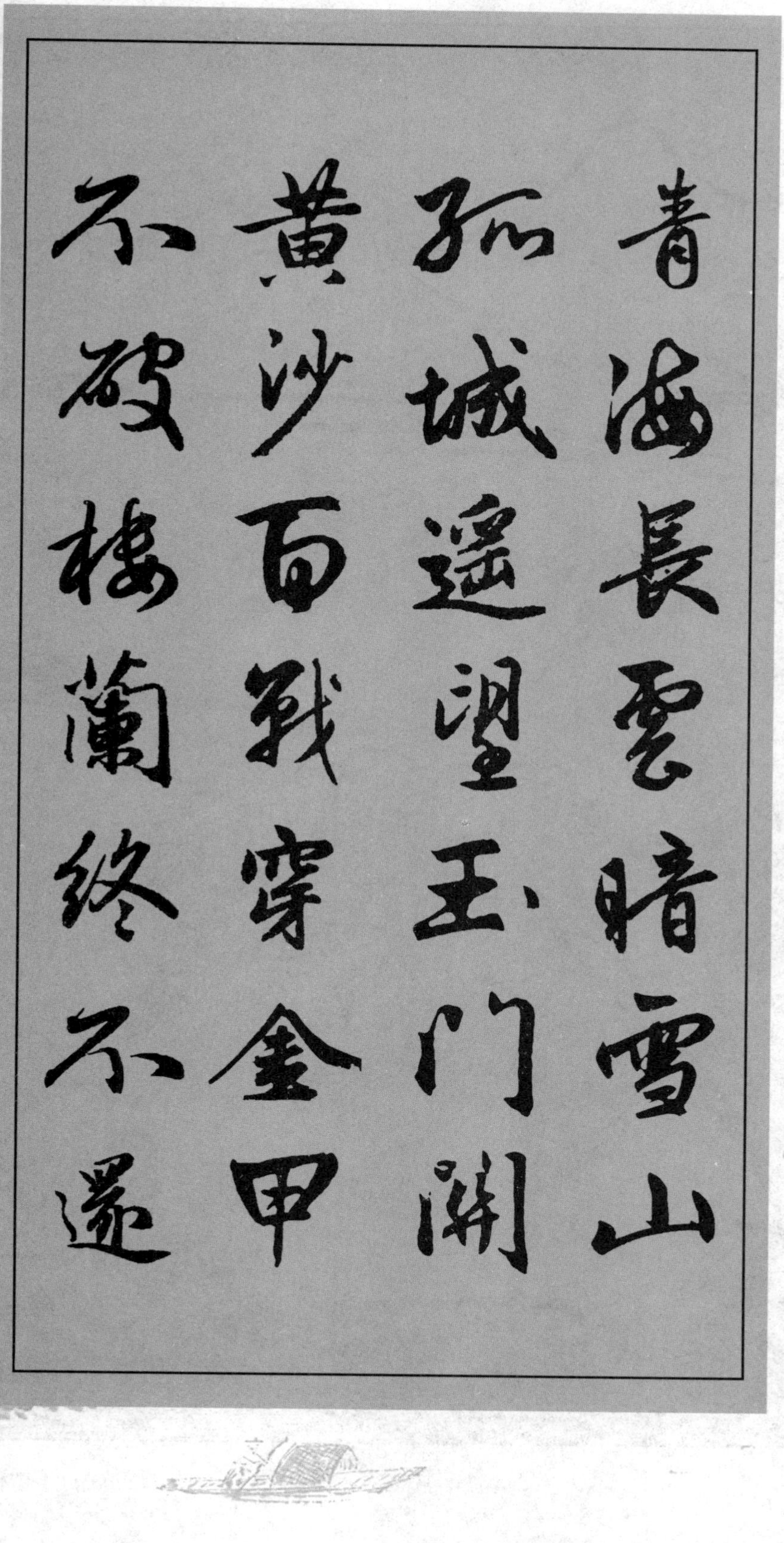

青海长云暗雪山，孤城遥望玉门关。
黄沙百战穿金甲，不破楼兰终不还。

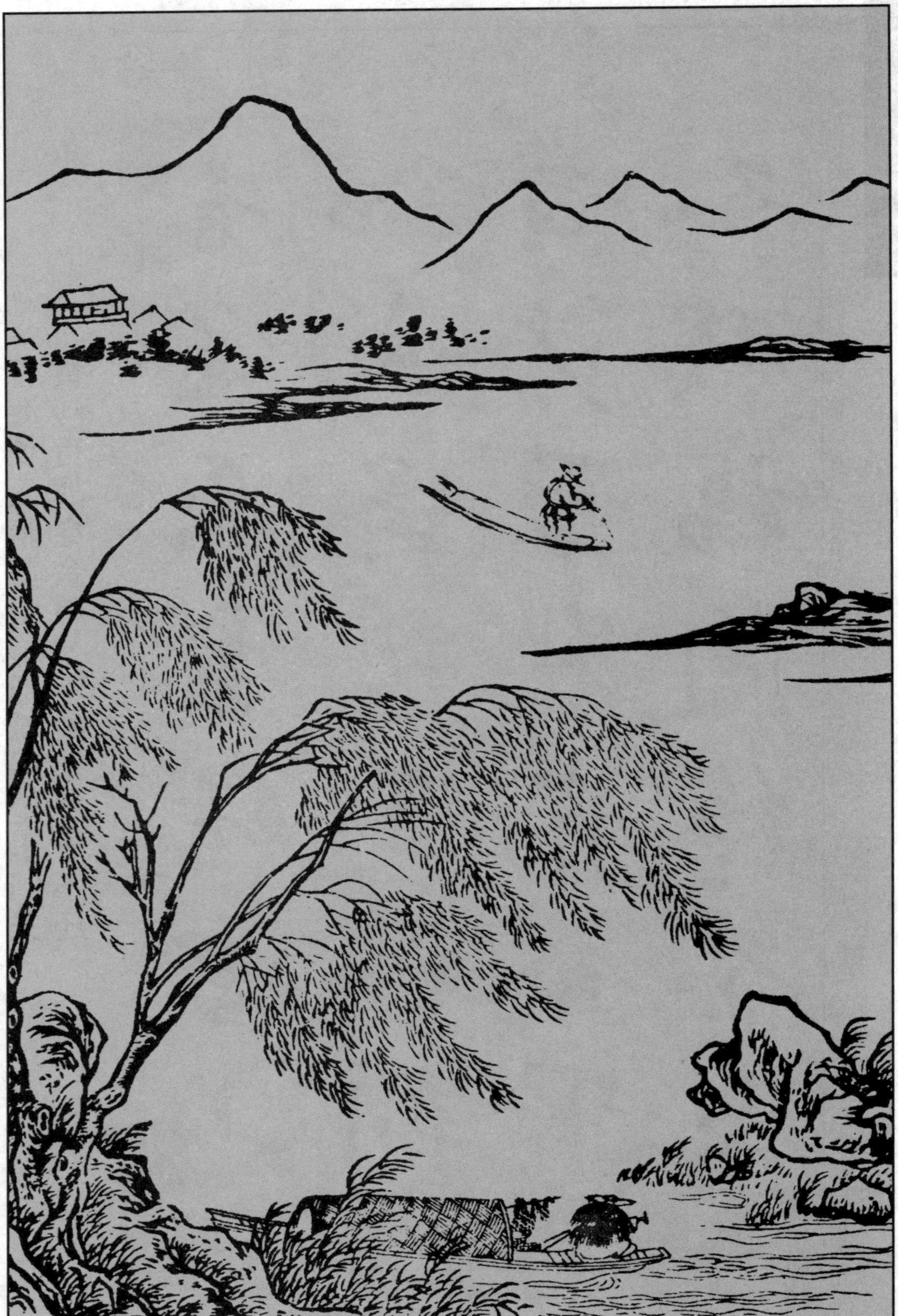

清溪行

李白

清溪清我心水色異諸水
借問新安江見底何如此
人行明鏡中鳥度屏風裏
嚮晚猩猩啼空悲遠游子

清溪清我心，水色异诸水。
借问新安江，见底何如此？
人行明镜中，鸟度屏风里。
向晚猩猩啼，空悲远游子。

赋得古原草送别

白居易

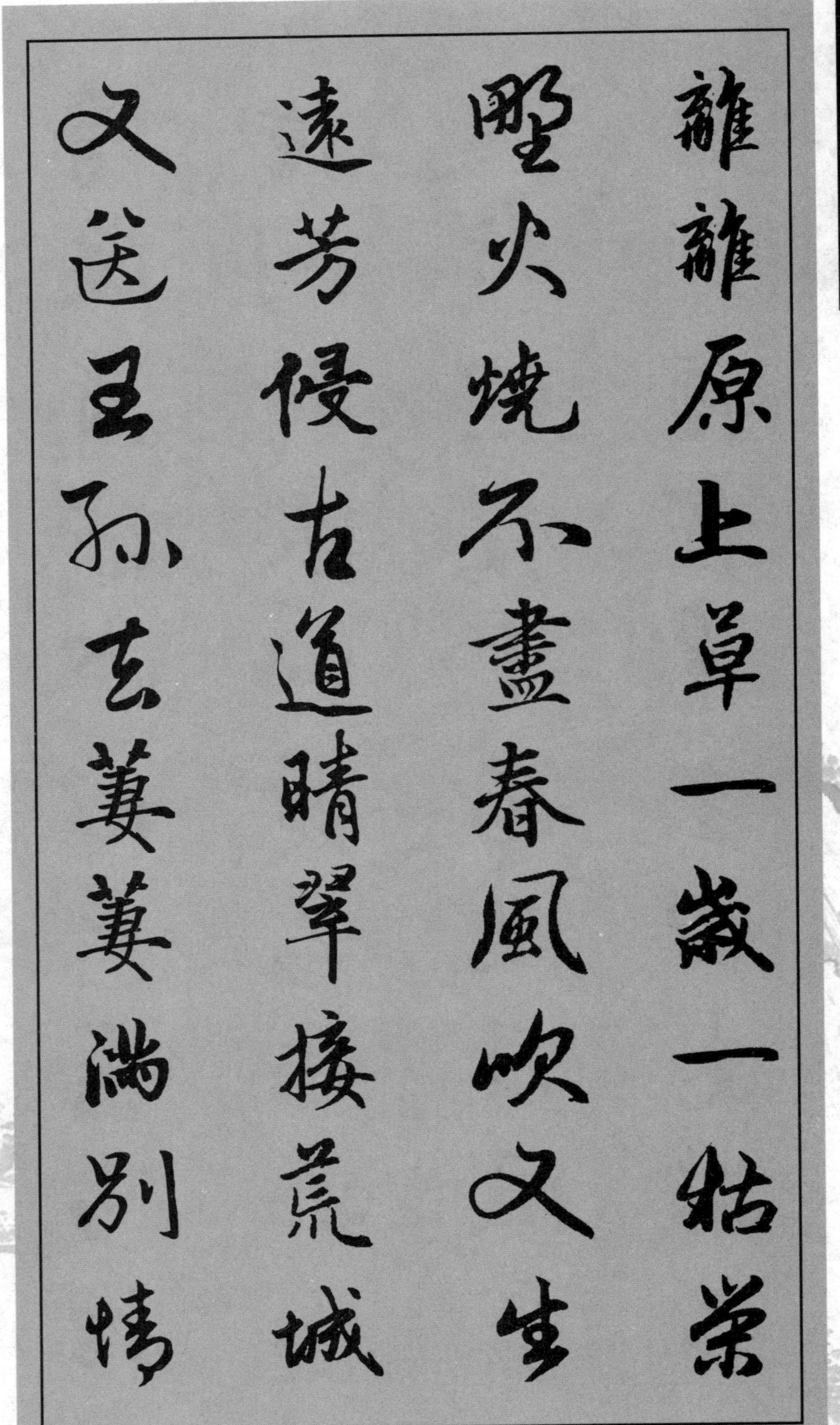
離離原上草一歲一枯榮
野火燒不盡春風吹又生
遠芳侵古道晴翠接荒城
又送王孫去萋萋滿別情

离离原上草，一岁一枯荣。野火烧不尽，春风吹又生。
远芳侵古道，晴翠接荒城。又送王孙去，萋萋满别情。

弹琴

刘长卿

泠泠七絃上
静聽松風寒
古調雖自愛
今人多不彈

泠泠七弦上，静听松风寒。
古调虽自爱，今人多不弹。

逢入京使

岑参

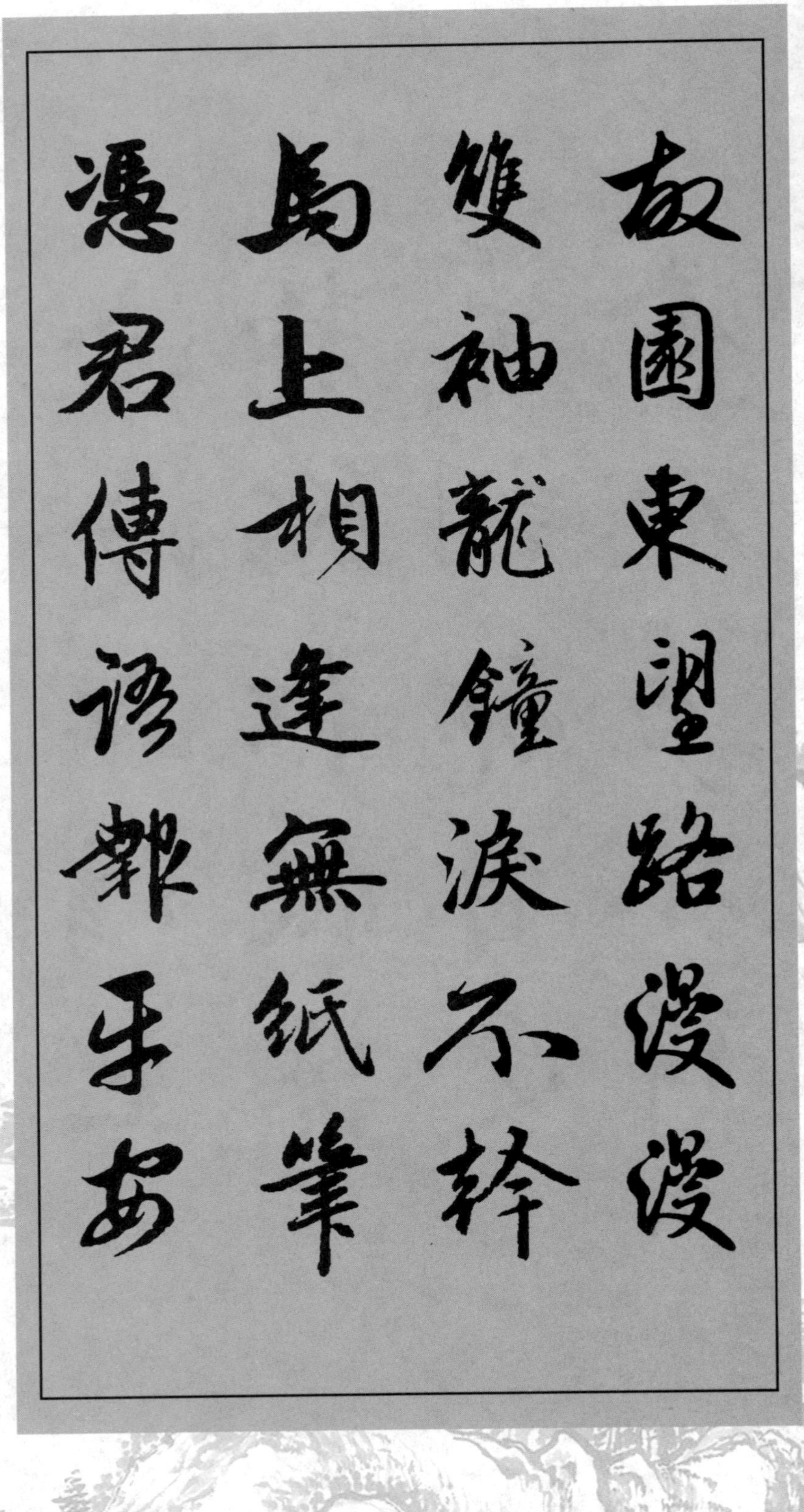

故园东望路漫漫，双袖龙钟泪不干。
马上相逢无纸笔，凭君传语报平安。

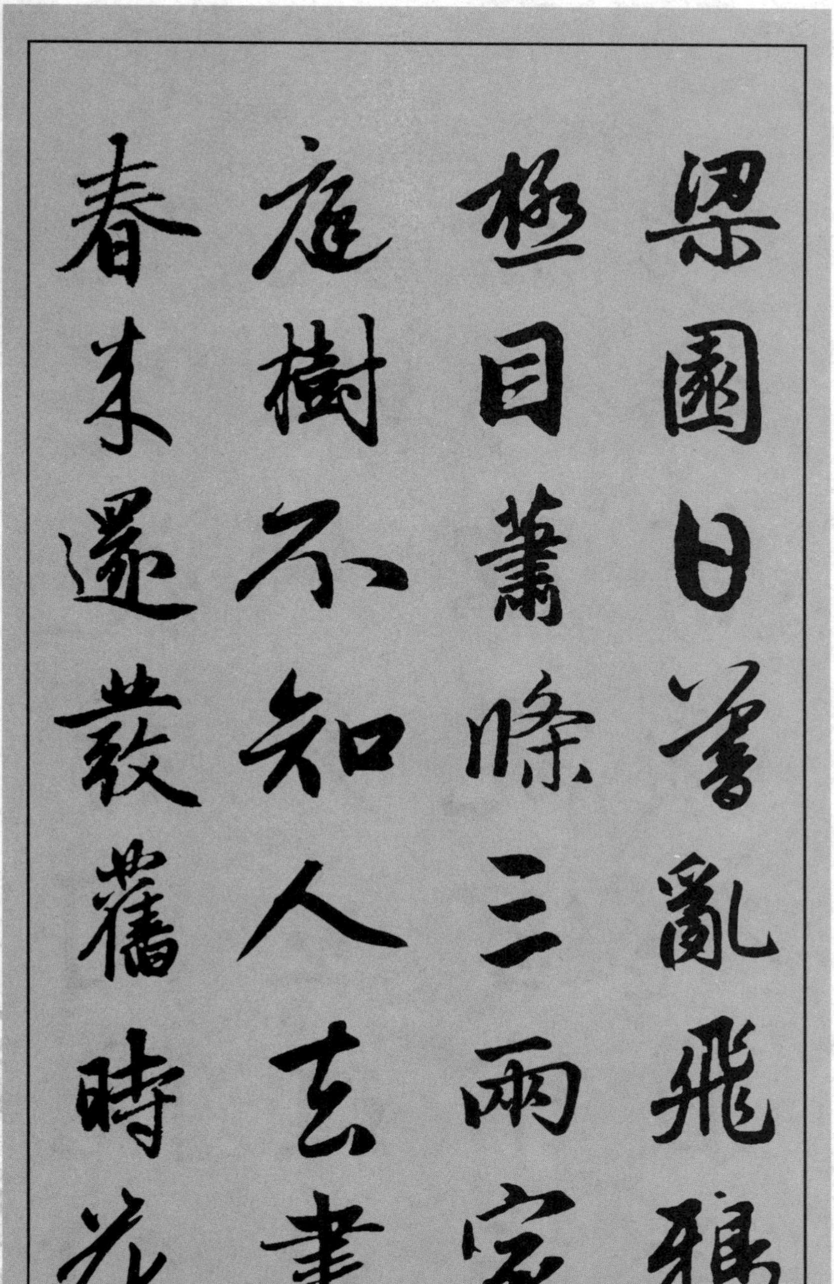
梁園日暮亂飛鴉
極目蕭條三兩家
庭樹不知人去盡
春來還發舊時花

山房春事二首·其二

岑参

梁园日暮乱飞鸦，极目萧条三两家。

庭树不知人去尽，春来还发旧时花。

宫中词

朱庆余

寂寂花時閉院门，美人相并立瓊軒。
含情欲說宫中事，鸚鵡前頭不敢言。

寂寂花时闭院门，美人相并立琼轩。
含情欲说宫中事，鹦鹉前头不敢言。

井栏砂宿遇夜客

李涉

暮雨潇潇江上村，绿林豪客夜知闻。
他时不用逃名姓，世上如今半是君。

暮雨潇潇江上村
绿林豪客夜知闻
他时不用逃名姓
世上如今半是君

菊

郑谷

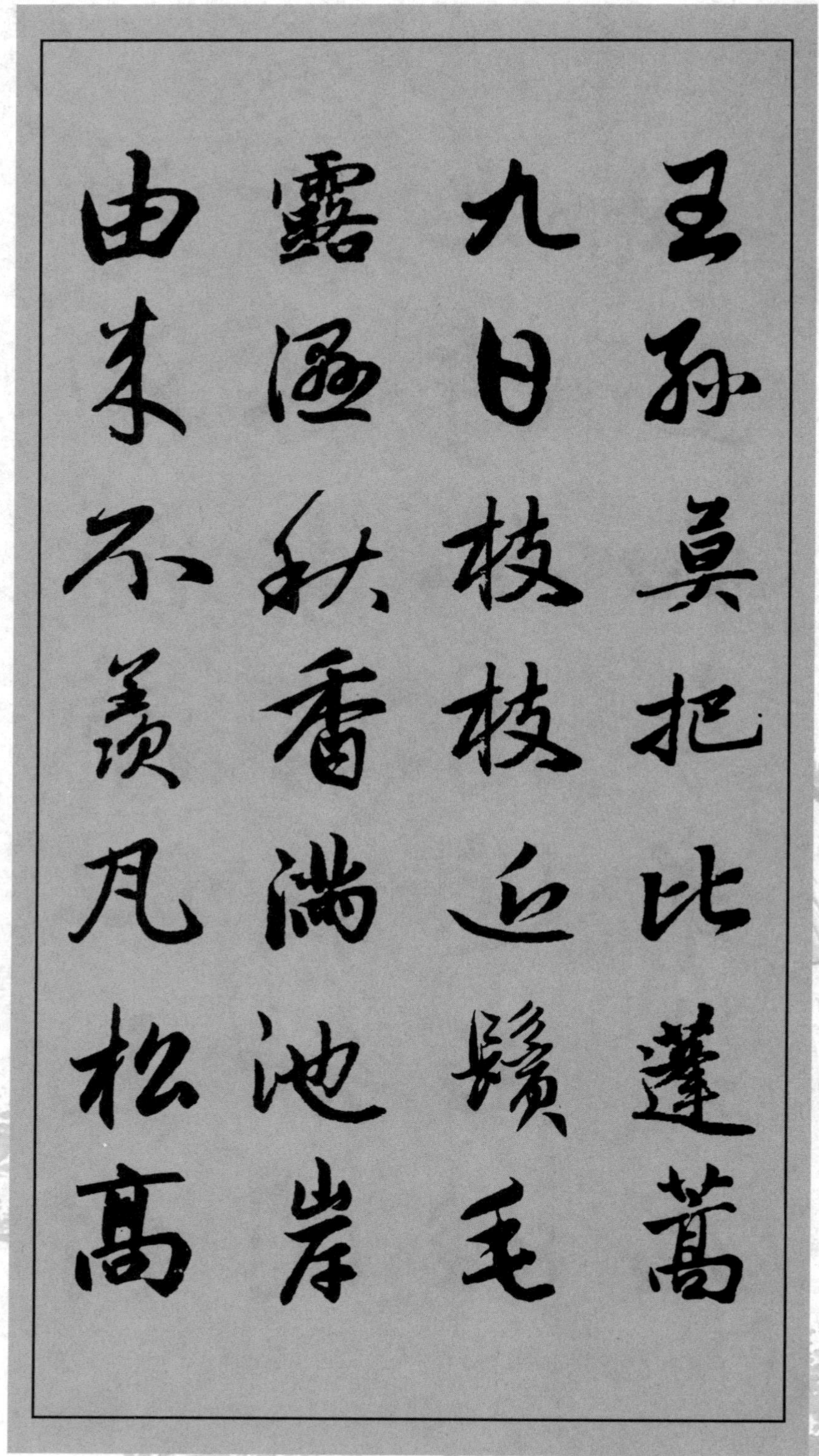

王孙莫把比蓬蒿，九日枝枝近鬓毛。
露湿秋香满池岸，由来不羡瓦松高。

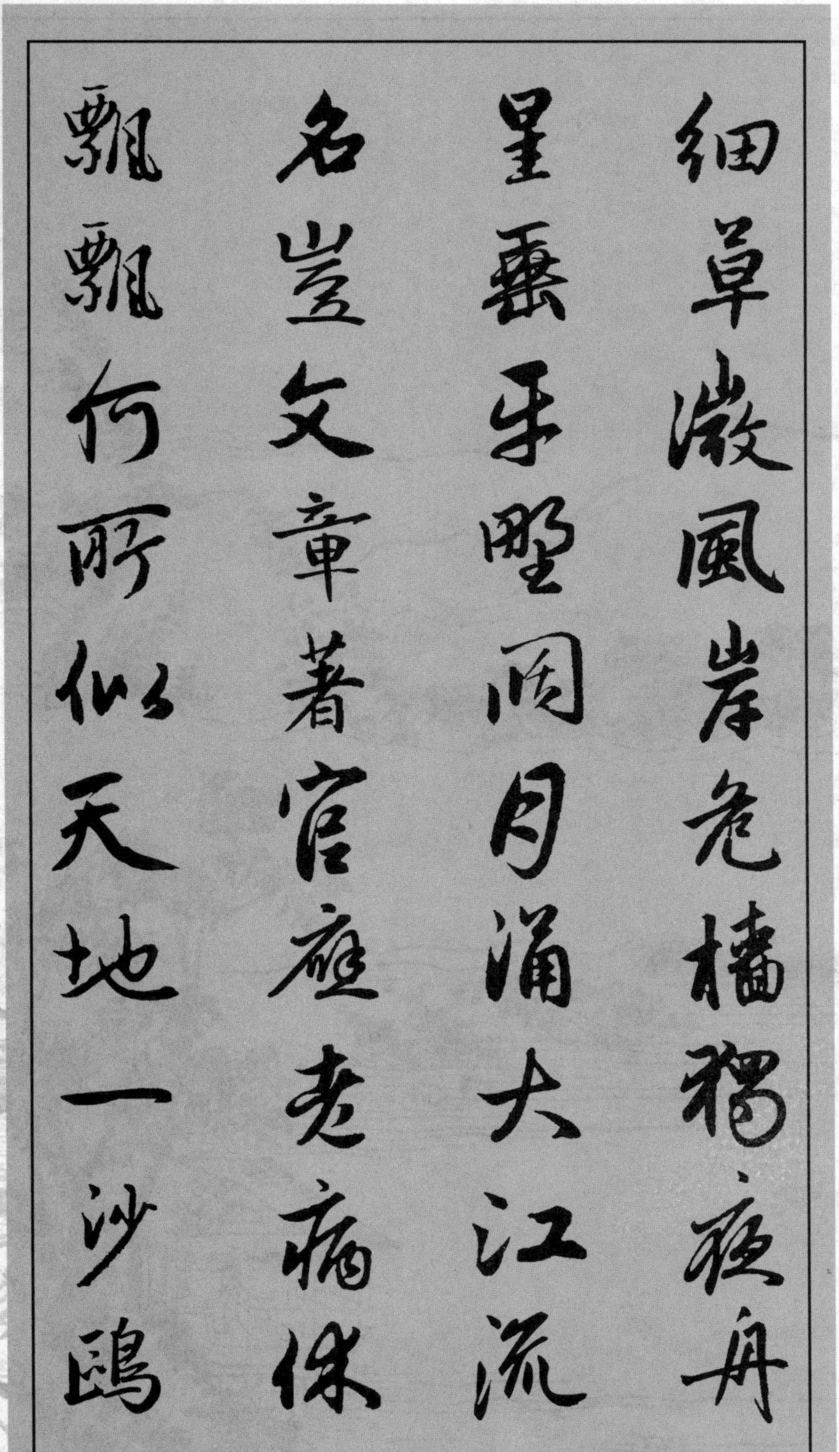

旅夜书怀

杜　甫

细草微风岸，危樯独夜舟。
星垂平野阔，月涌大江流。
名岂文章著，官应老病休。
飘飘何所似，天地一沙鸥。

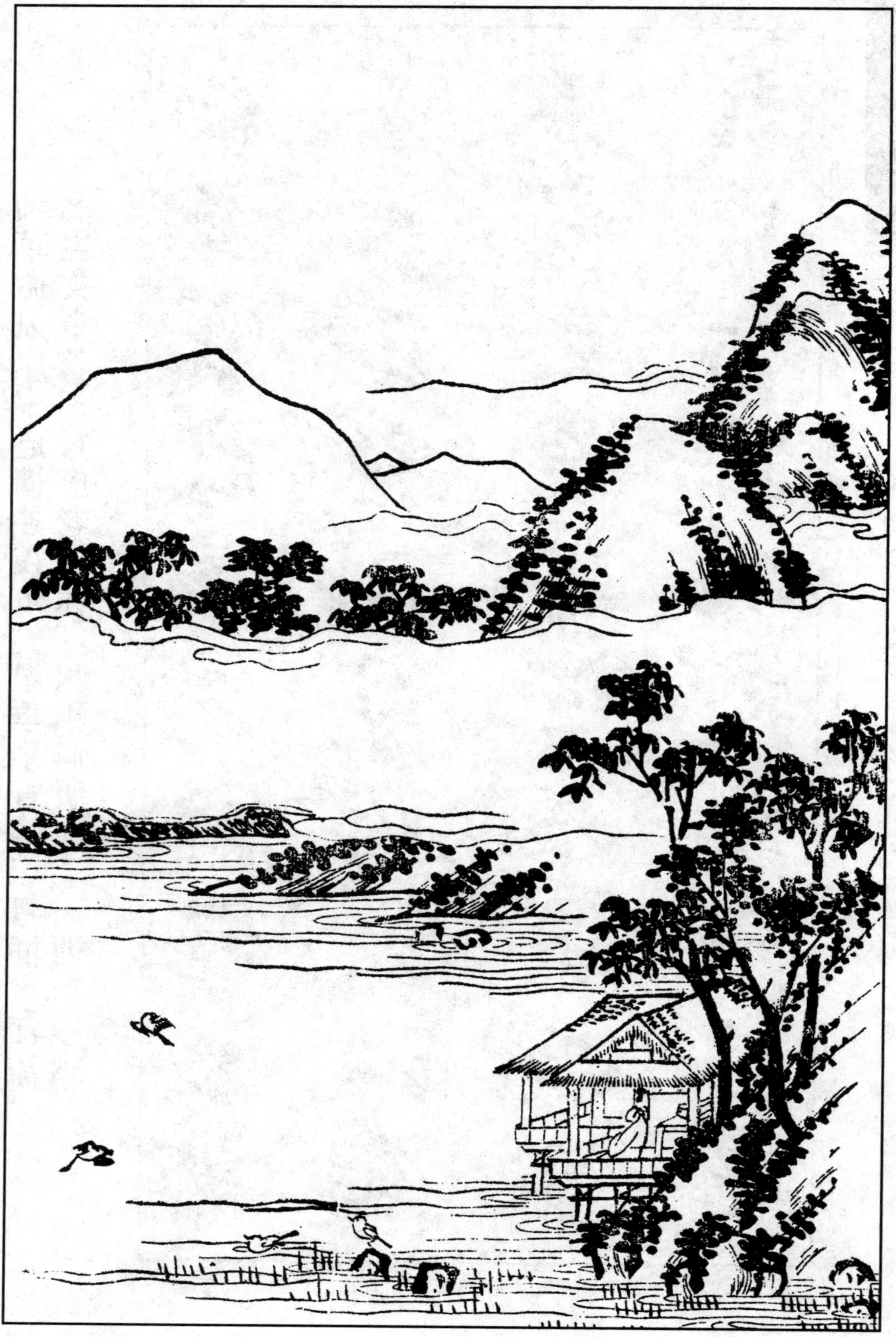

贫交行

杜　甫

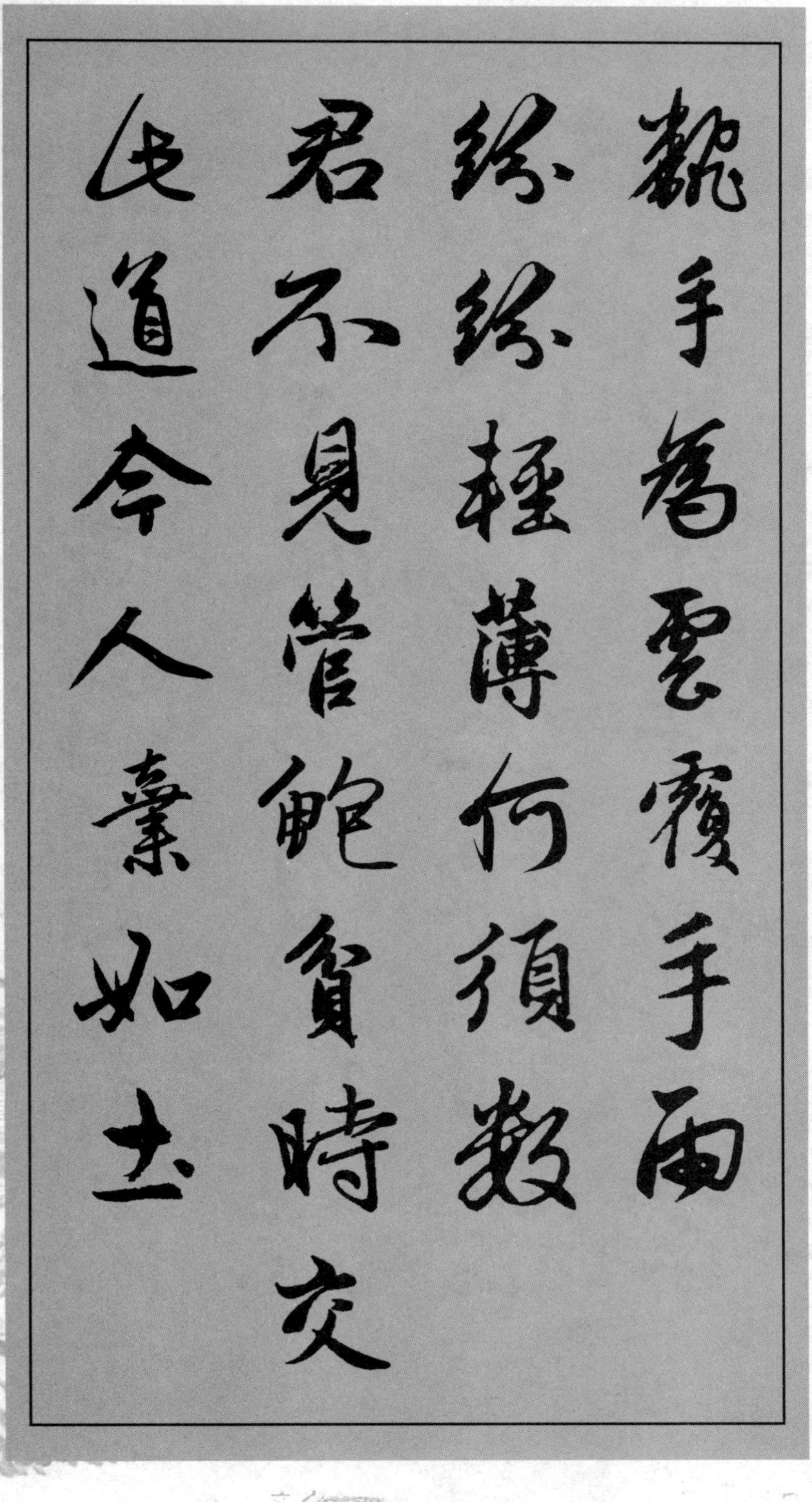

翻手为云覆手雨，纷纷轻薄何须数。
君不见管鲍贫时交，此道今人弃如土。

浪淘沙·九曲黄河万里沙

刘禹锡

九曲黄河万里沙
浪淘風簸自天涯
如今直上銀河去
同到牽牛織女家

九曲黄河万里沙，浪淘风簸自天涯。
如今直上银河去，同到牵牛织女家。

竹枝词二首·其一

刘禹锡

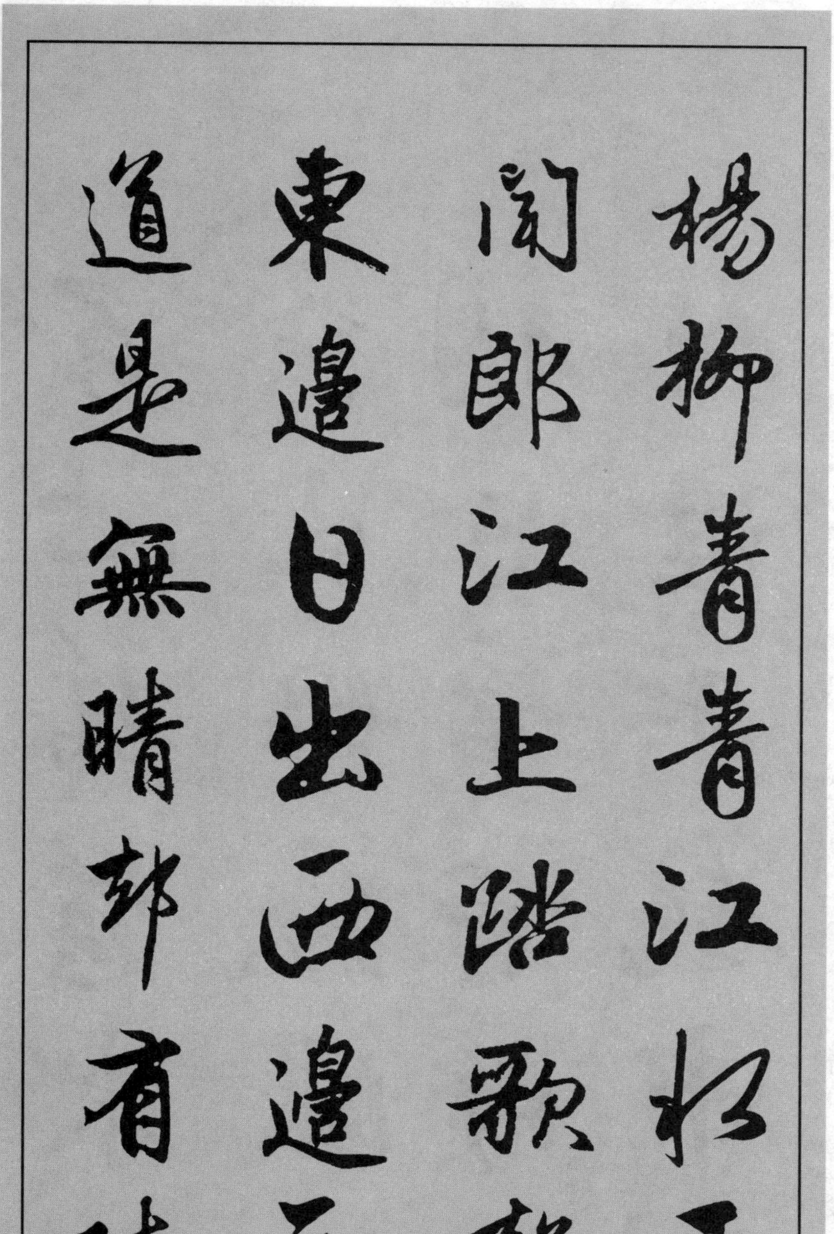

杨柳青青江水平，闻郎江上踏歌声。
东边日出西边雨，道是无晴却有晴。

秋朝览镜

薛稷

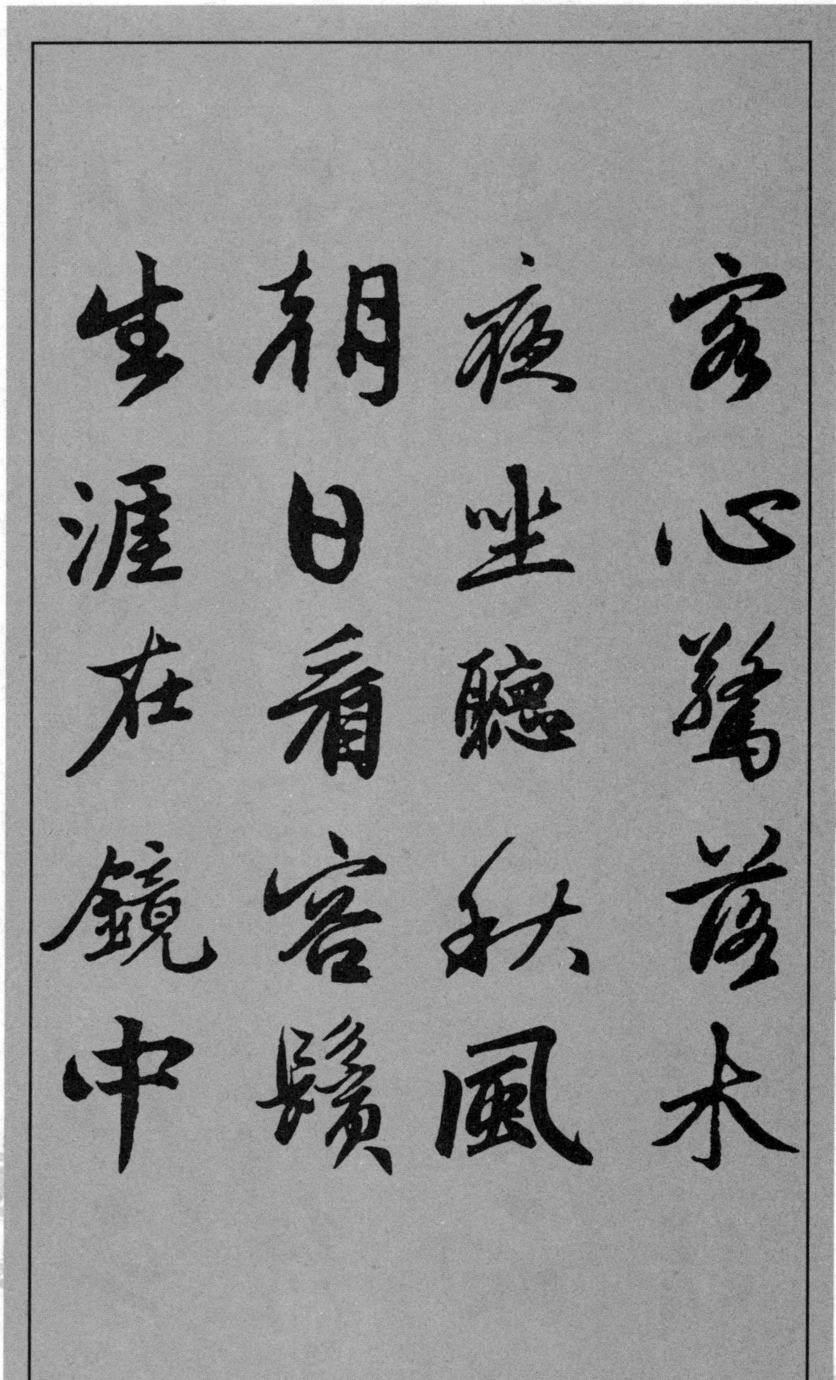

客心惊落木，夜坐听秋风。
朝日看容鬓，生涯在镜中。

题城南庄

崔 护

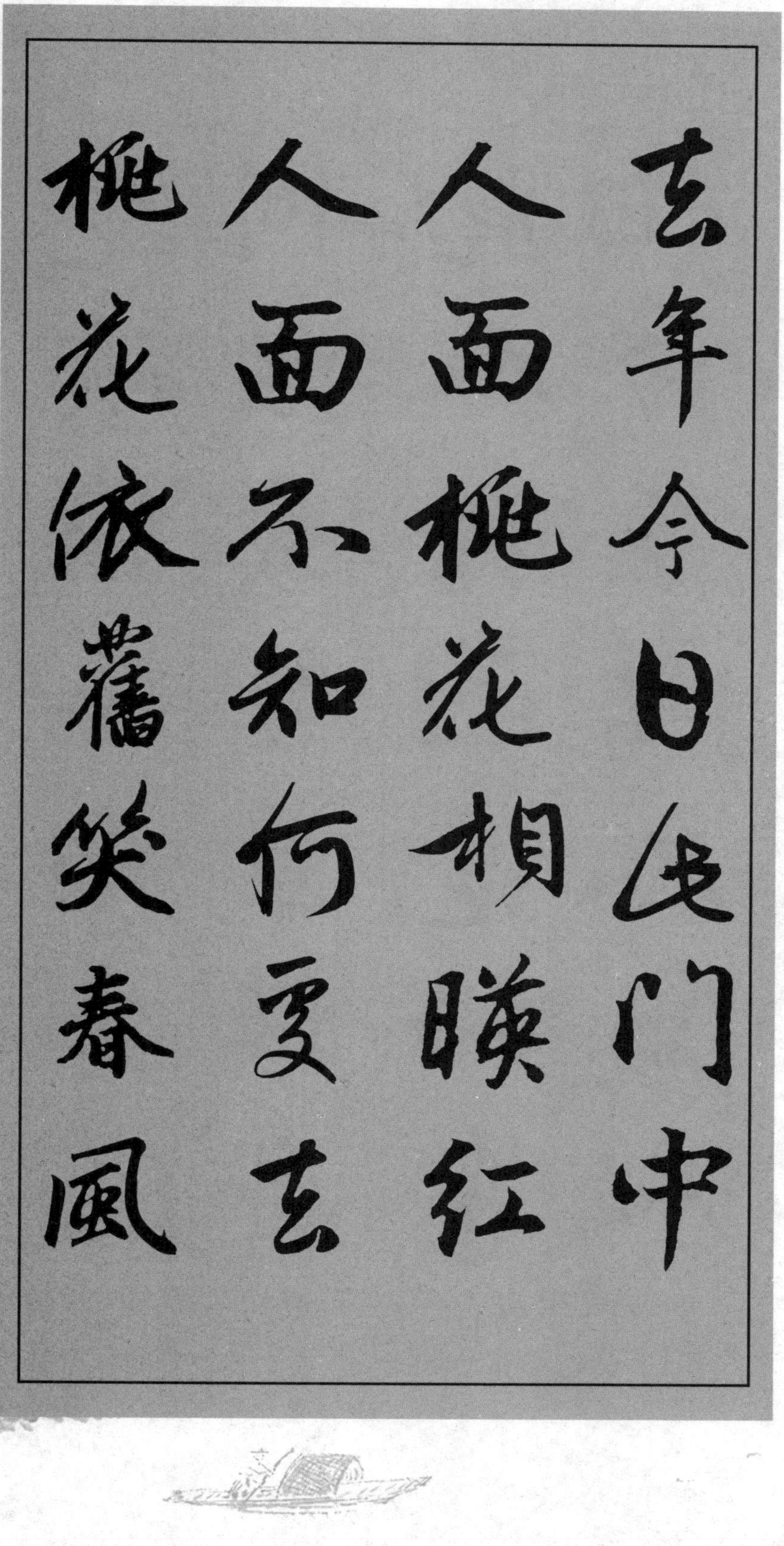

去年今日此门中，人面桃花相映红。
人面不知何处去，桃花依旧笑春风。

小儿垂钓

胡令能

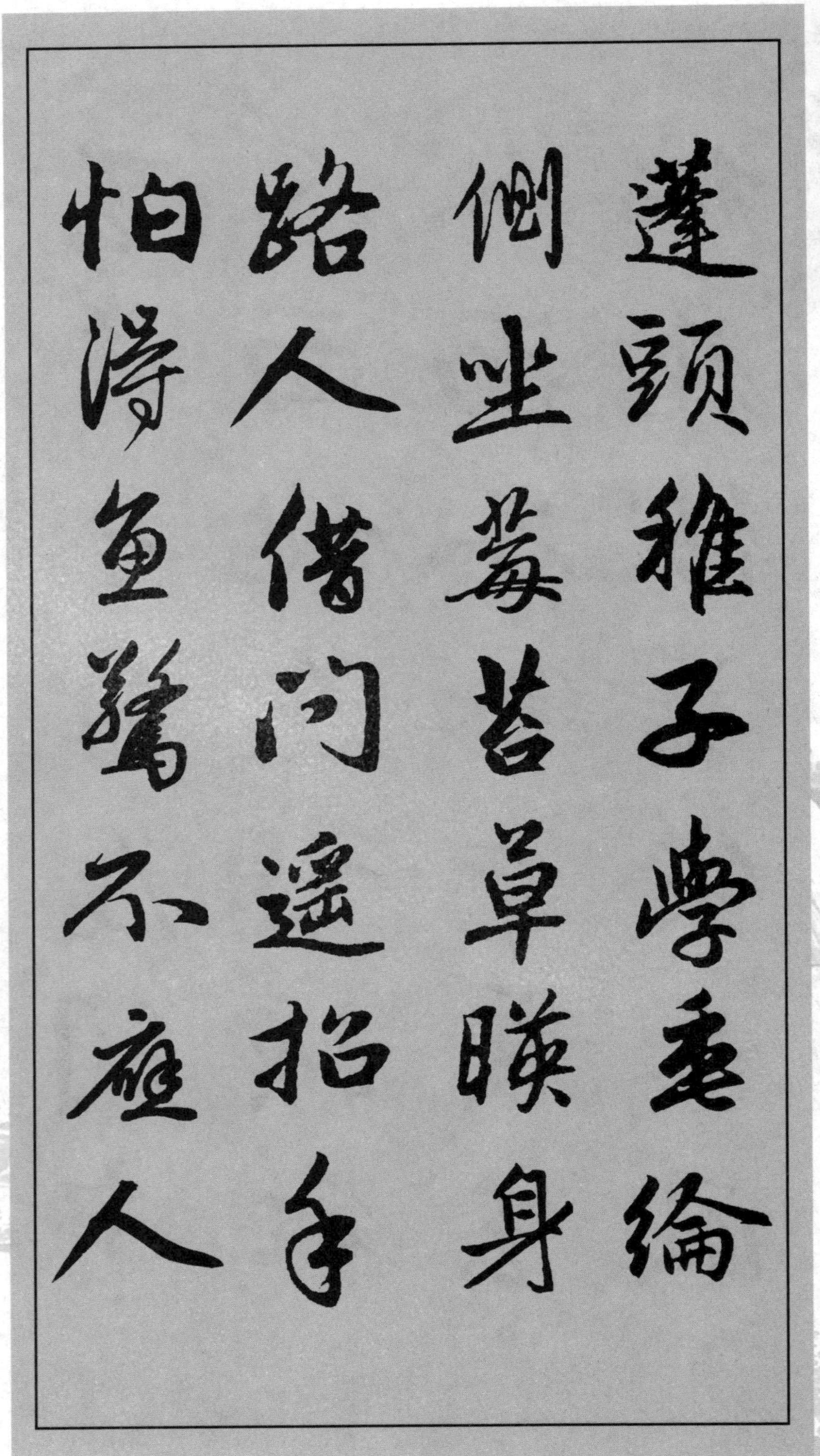

蓬头稚子学垂纶，侧坐莓苔草映身。
路人借问遥招手，怕得鱼惊不应人。

小松

杜荀鹤

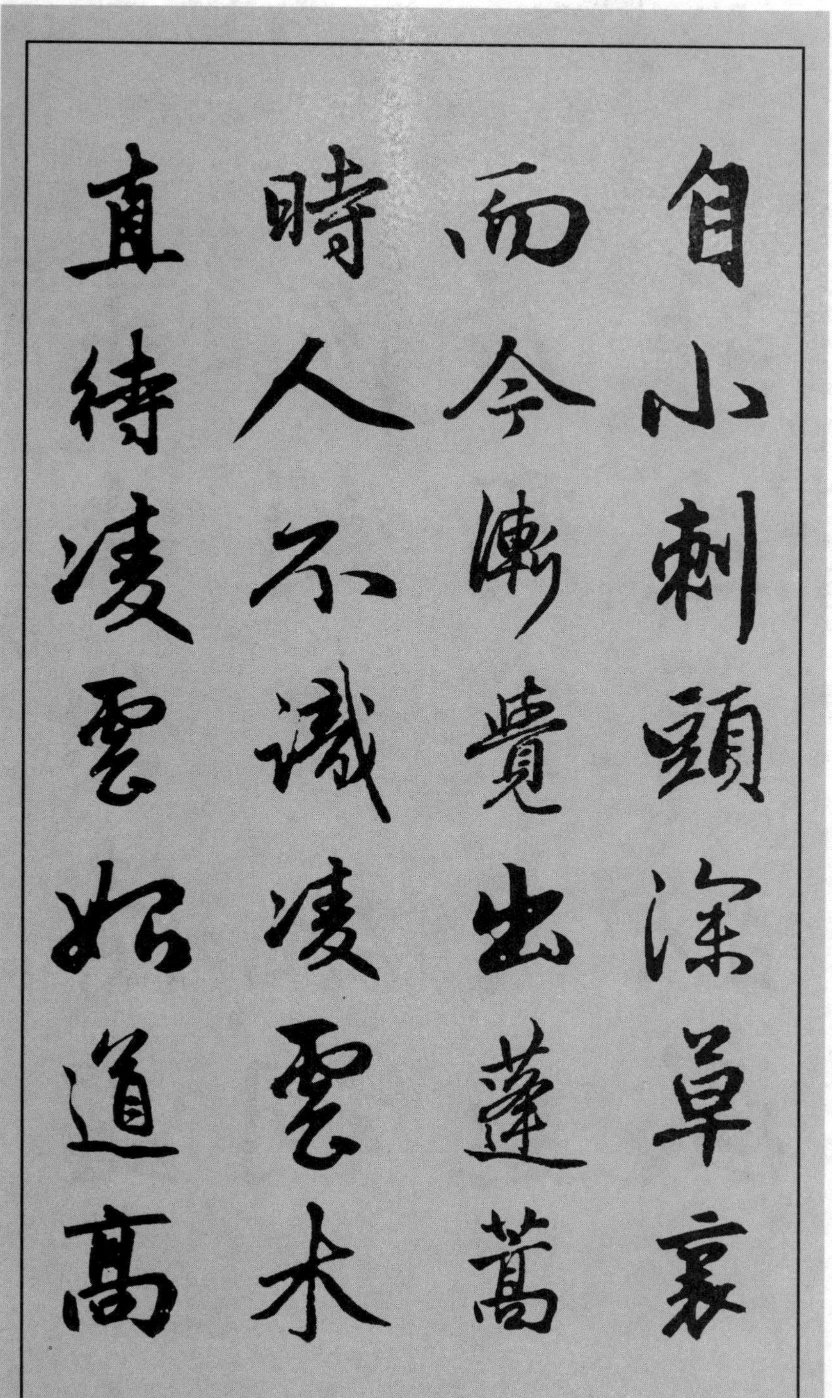
自小刺頭深草裏
而今漸覺出蓬蒿
時人不識凌雲木
直待凌雲始道高

自小刺头深草里，而今渐觉出蓬蒿。
时人不识凌云木，直待凌云始道高。

咏蝉

虞世南

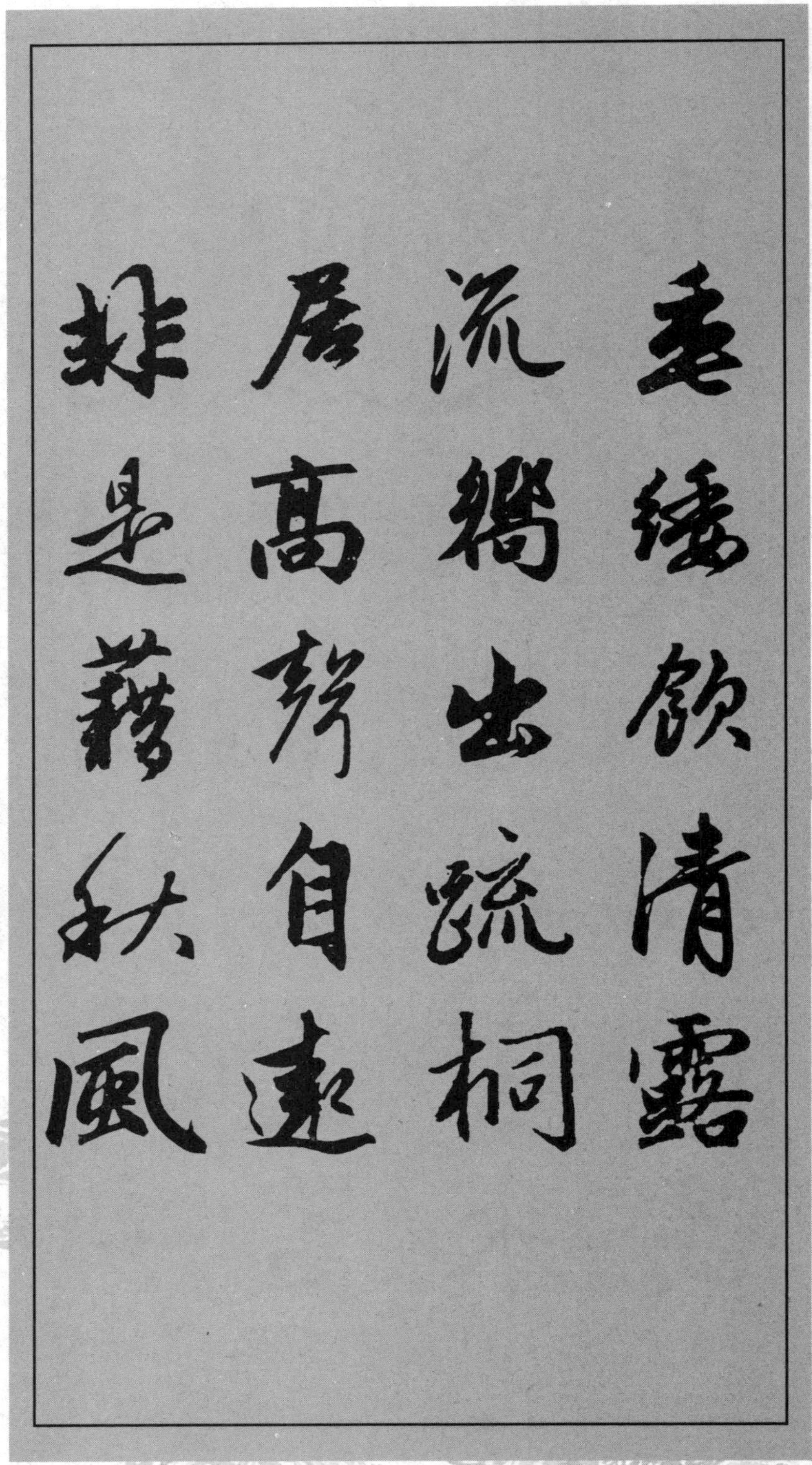

垂绥饮清露，流响出疏桐。
居高声自远，非是藉秋风。

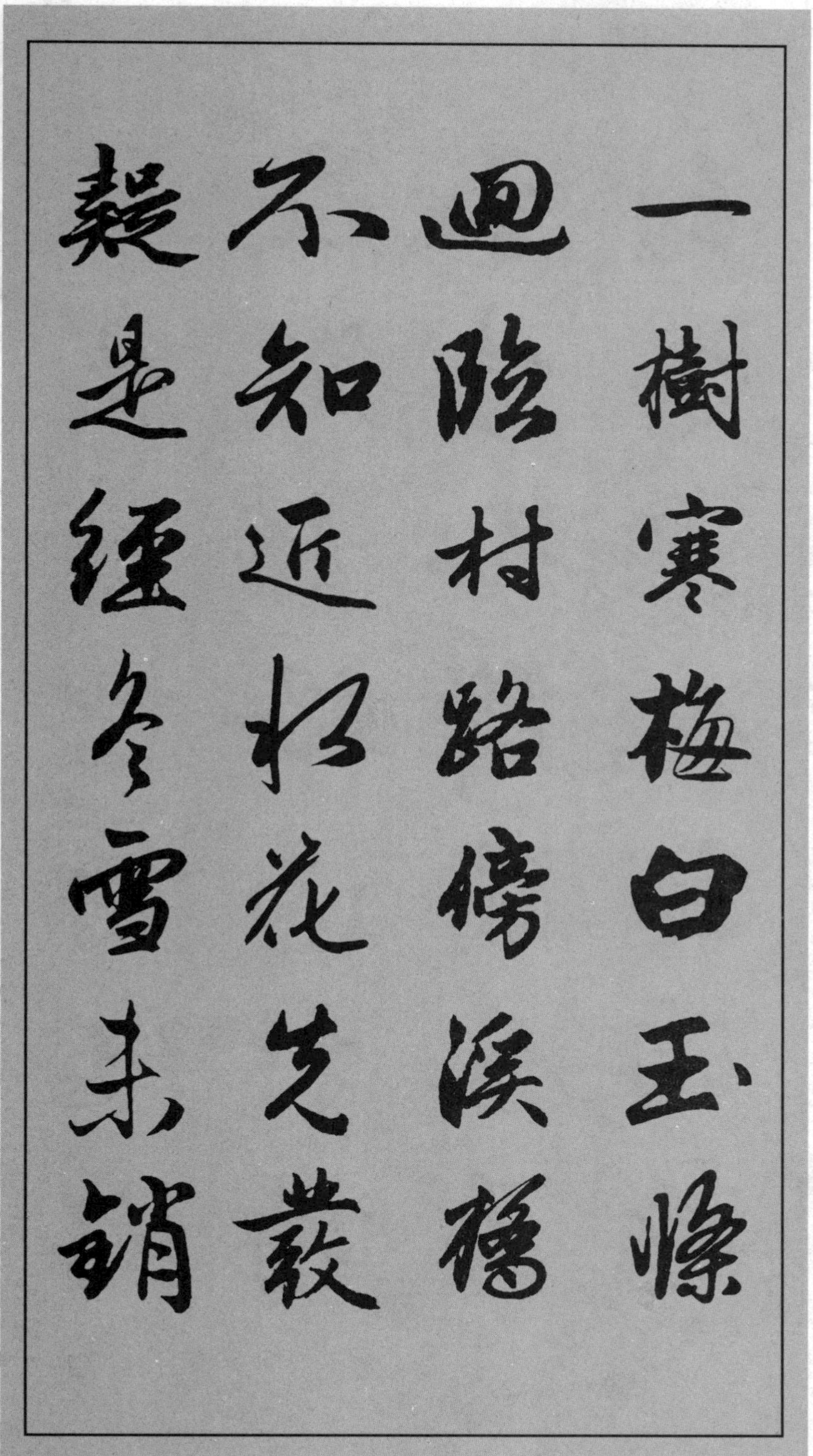
一樹寒梅白玉條
迴臨村路傍溪橋
不知近水花先發
疑是經冬雪未銷

一树寒梅白玉条，迥临村路傍溪桥。
不知近水花先发，疑是经冬雪未销。

早梅

张 谓

赠项斯

杨敬之

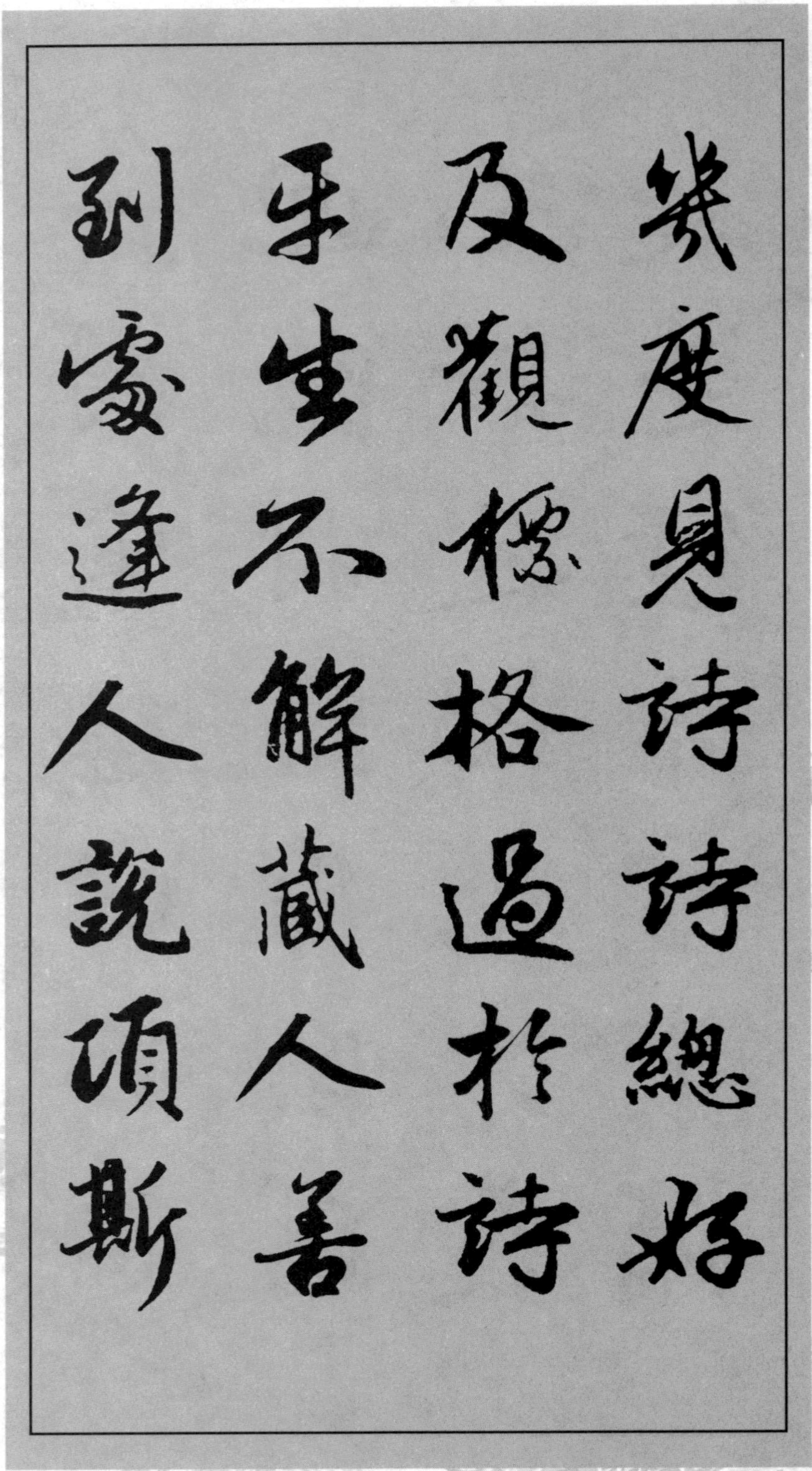

几度见诗诗总好，及观标格过于诗。
平生不解藏人善，到处逢人说项斯。

终南望余雪

祖　咏

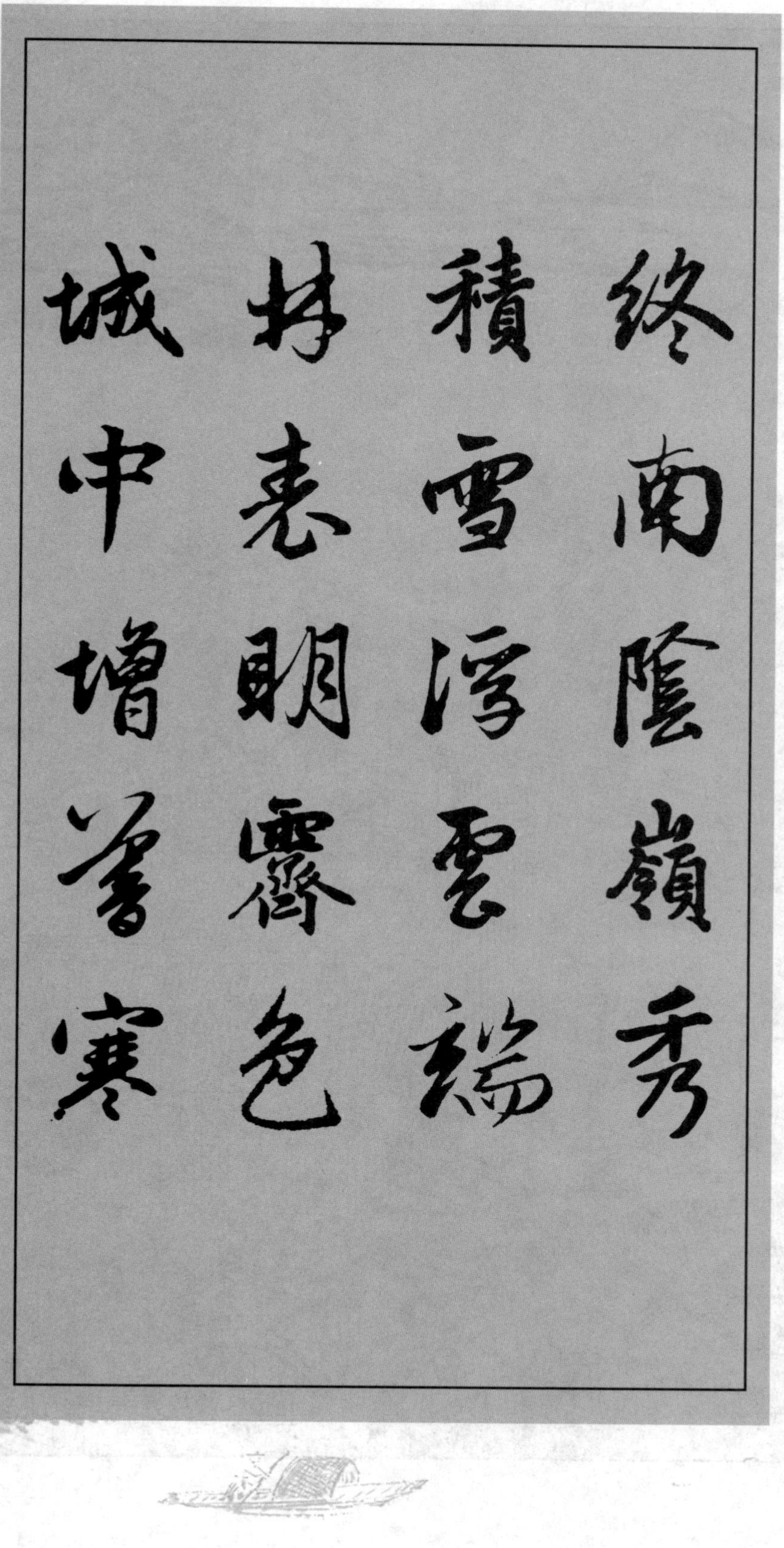

终南阴岭秀，积雪浮云端。
林表明霁色，城中增暮寒。

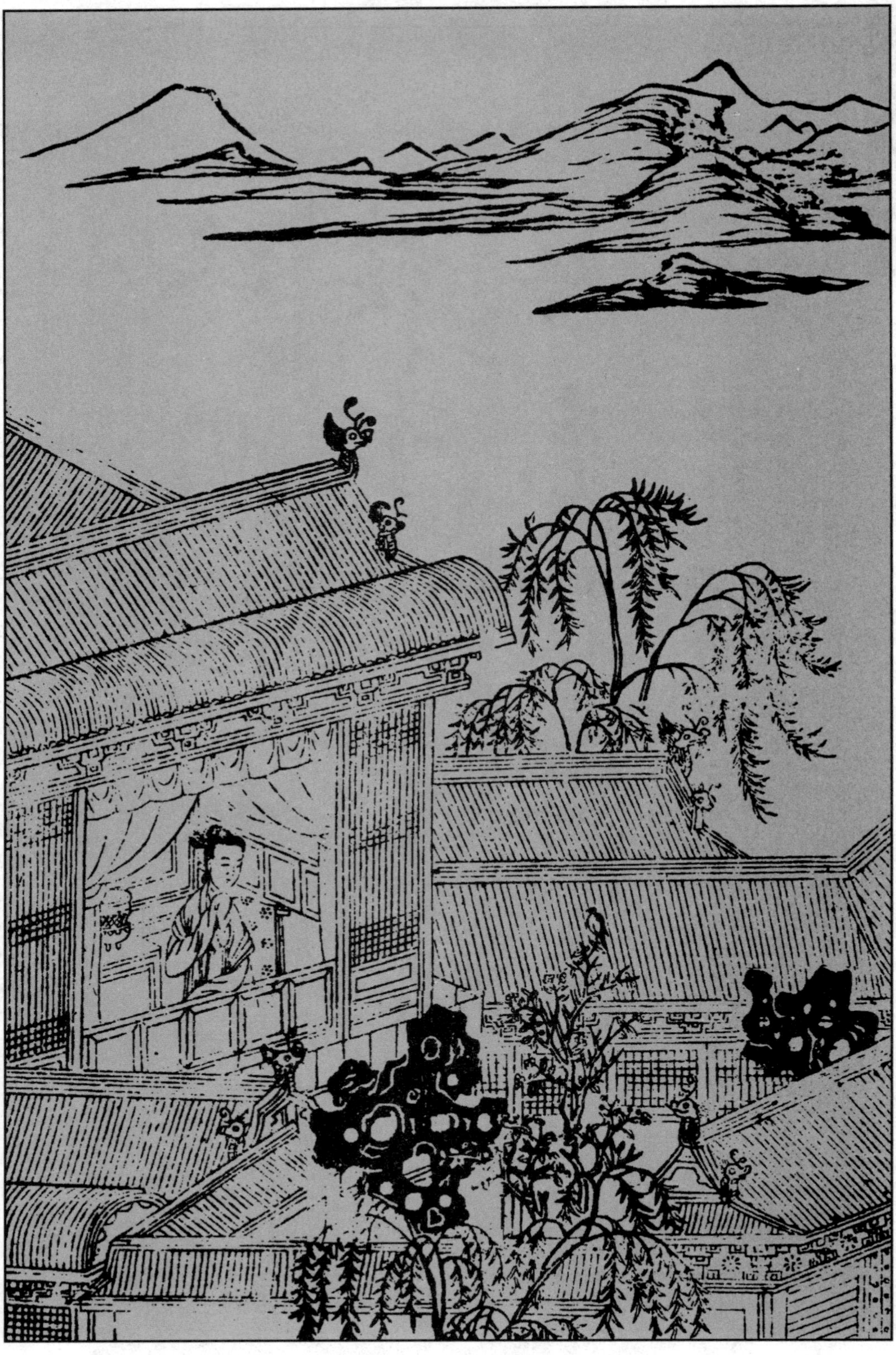

其他书法家行书

花非花雾非雾
夜半来天明去
来如春梦几多时
去似朝云无觅处

花非花

白居易

花非花，雾非雾。夜半来，天明去。
来如春梦几多时？去似朝云无觅处。

钱塘湖春行

白居易

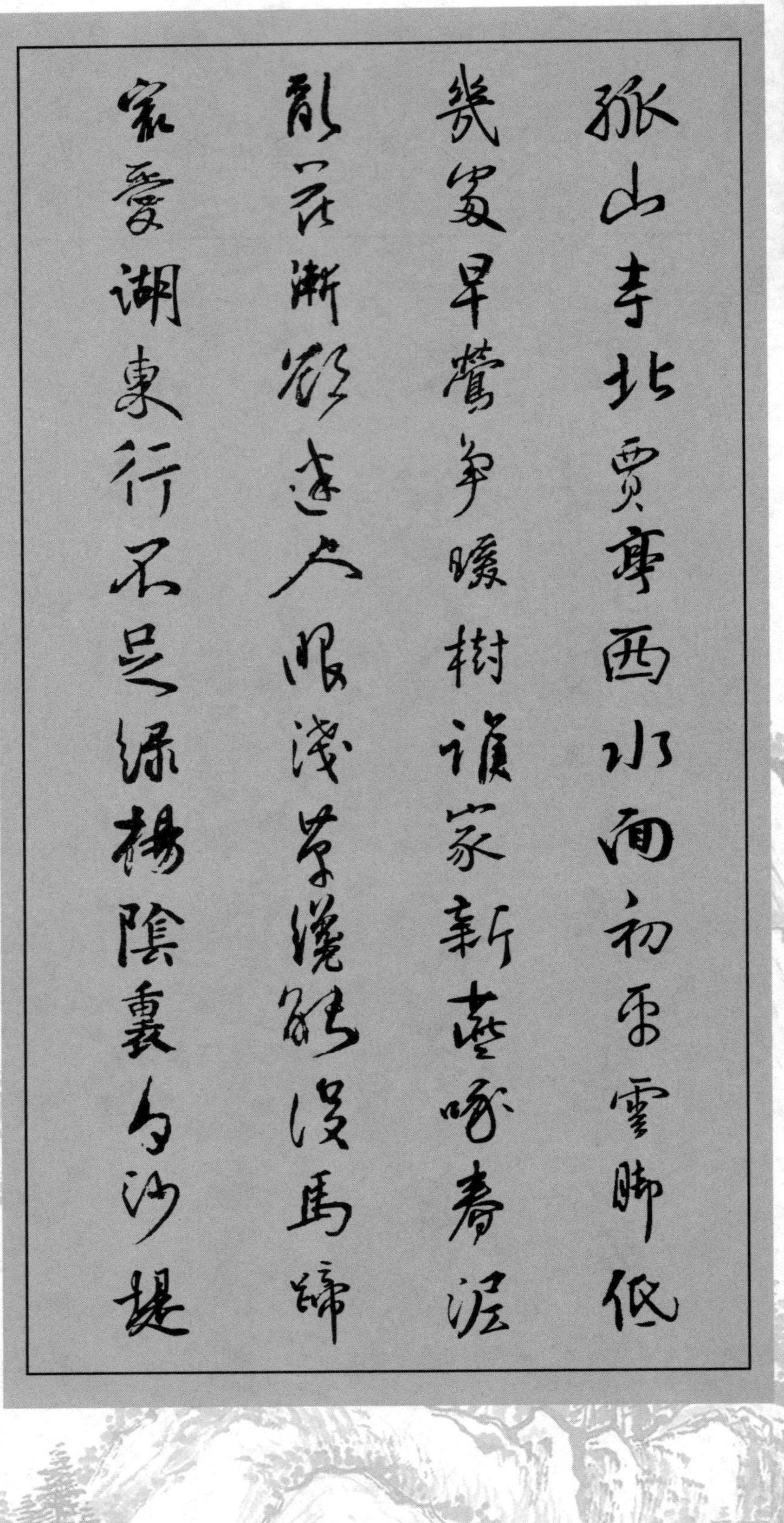
孤山寺北賈亭西水面初平雲脚低
幾處早鶯爭暖樹誰家新燕啄春泥
亂花漸欲迷人眼淺草纔能沒馬蹄
最愛湖東行不足綠楊陰裏白沙堤

孤山寺北贾亭西，水面初平云脚低。几处早莺争暖树，谁家新燕啄春泥。
乱花渐欲迷人眼，浅草才能没马蹄。最爱湖东行不足，绿杨阴里白沙堤。

日照香爐生紫烟
遥看瀑布掛前川
飛流直下三千尺
疑是銀河落九天

望庐山瀑布

李 白

日照香炉生紫烟，遥看瀑布挂前川。
飞流直下三千尺，疑是银河落九天。

赠花卿

杜甫

錦城絲管日紛紛
半入江風半入雲
此曲祇應天上有
人間能得幾迴聞

锦城丝管日纷纷，半入江风半入云。
此曲只应天上有，人间能得几回闻？

蜀相

杜甫

丞相祠堂何处寻，锦官城外柏森森。
映阶碧草自春色，隔叶黄鹂空好音。
三顾频烦天下计，两朝开济老臣心。
出师未捷身先死，长使英雄泪满襟。

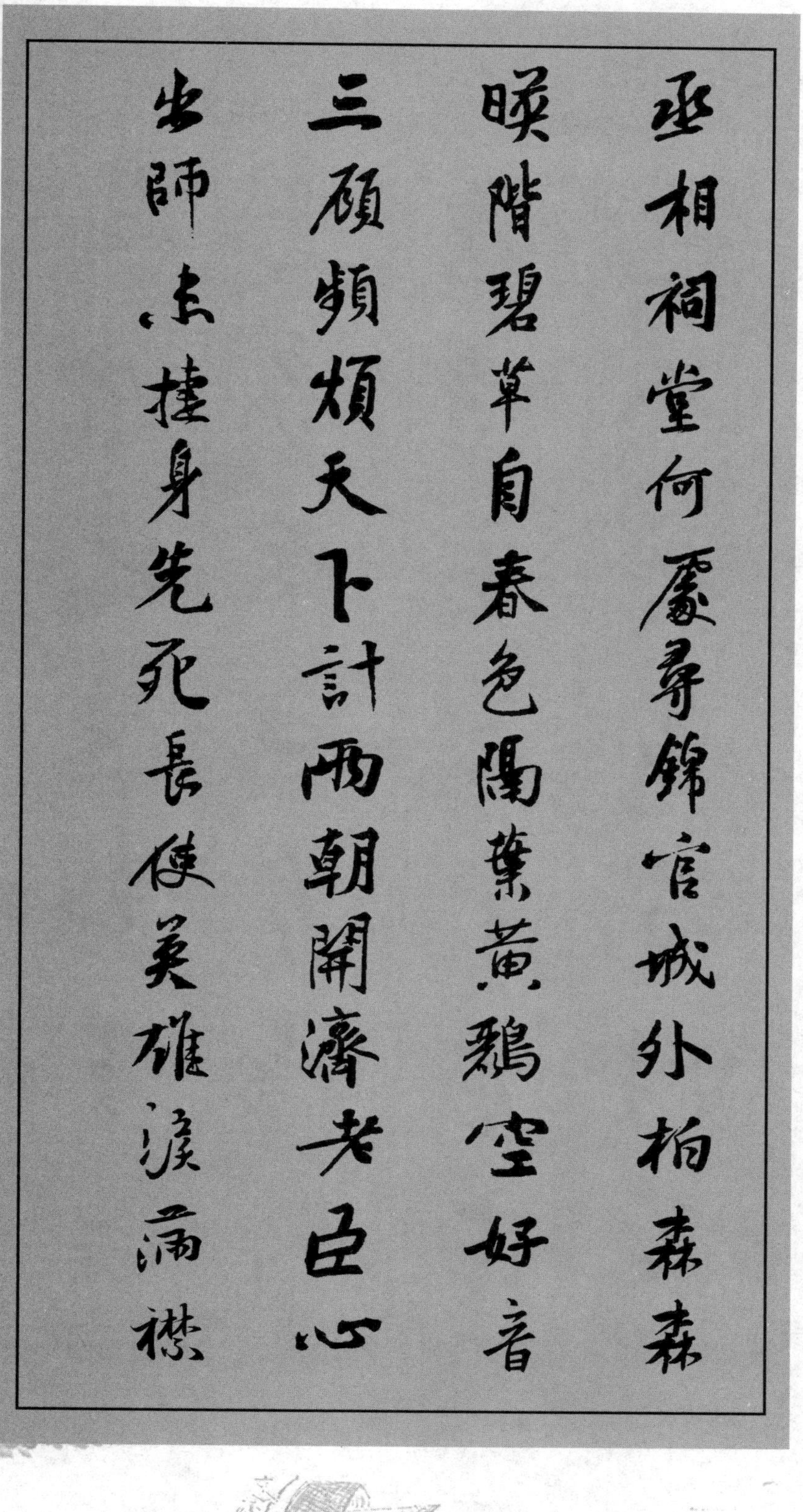
丞相祠堂何處尋錦官城外柏森森
映階碧草自春色隔葉黃鸝空好音
三顧頻煩天下計兩朝開濟老臣心
出師未捷身先死長使英雄淚滿襟

乌衣巷

刘禹锡

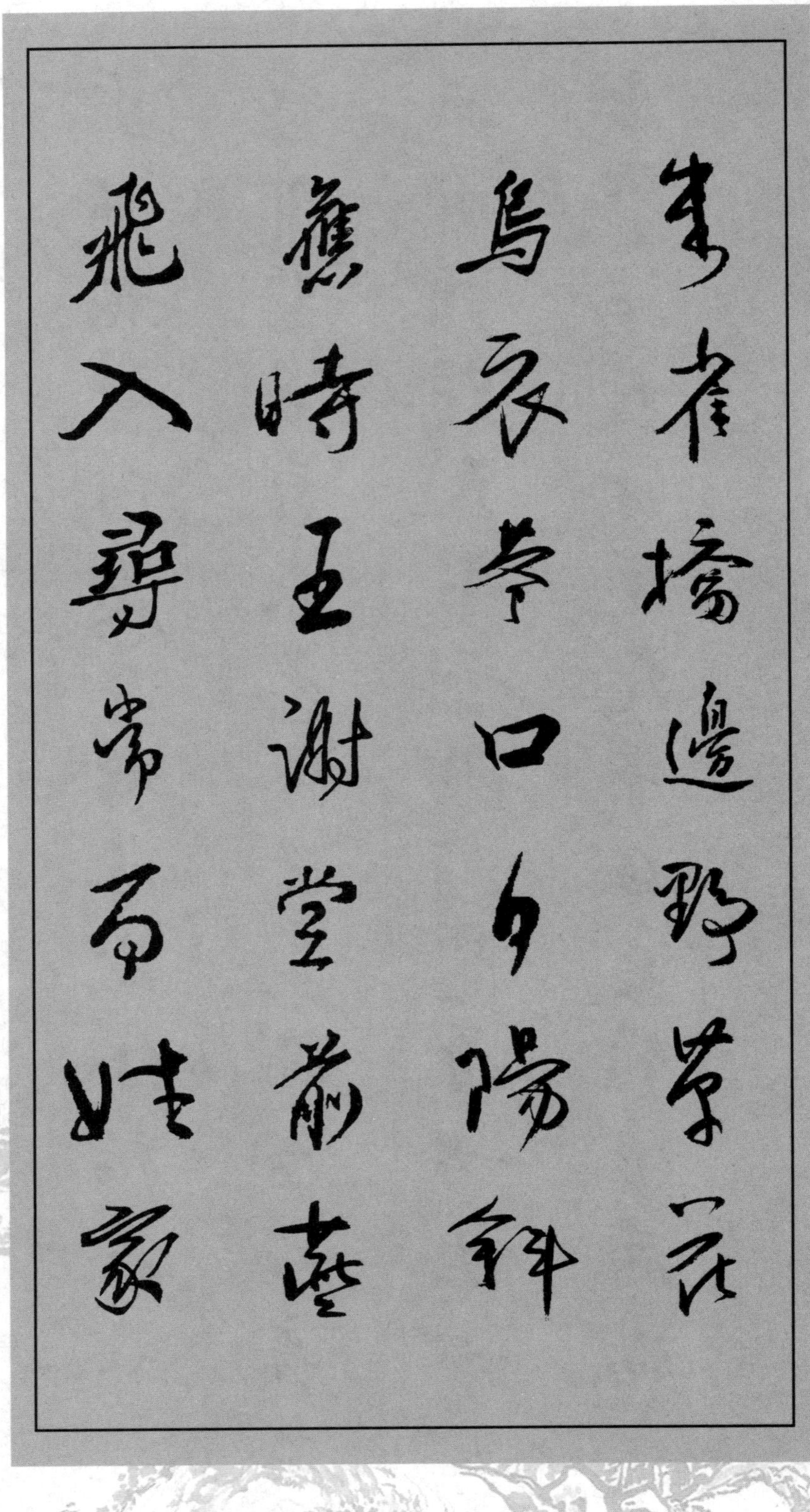

朱雀桥边野草花，乌衣巷口夕阳斜。
旧时王谢堂前燕，飞入寻常百姓家。

和张仆射塞下曲六首·其二

卢纶

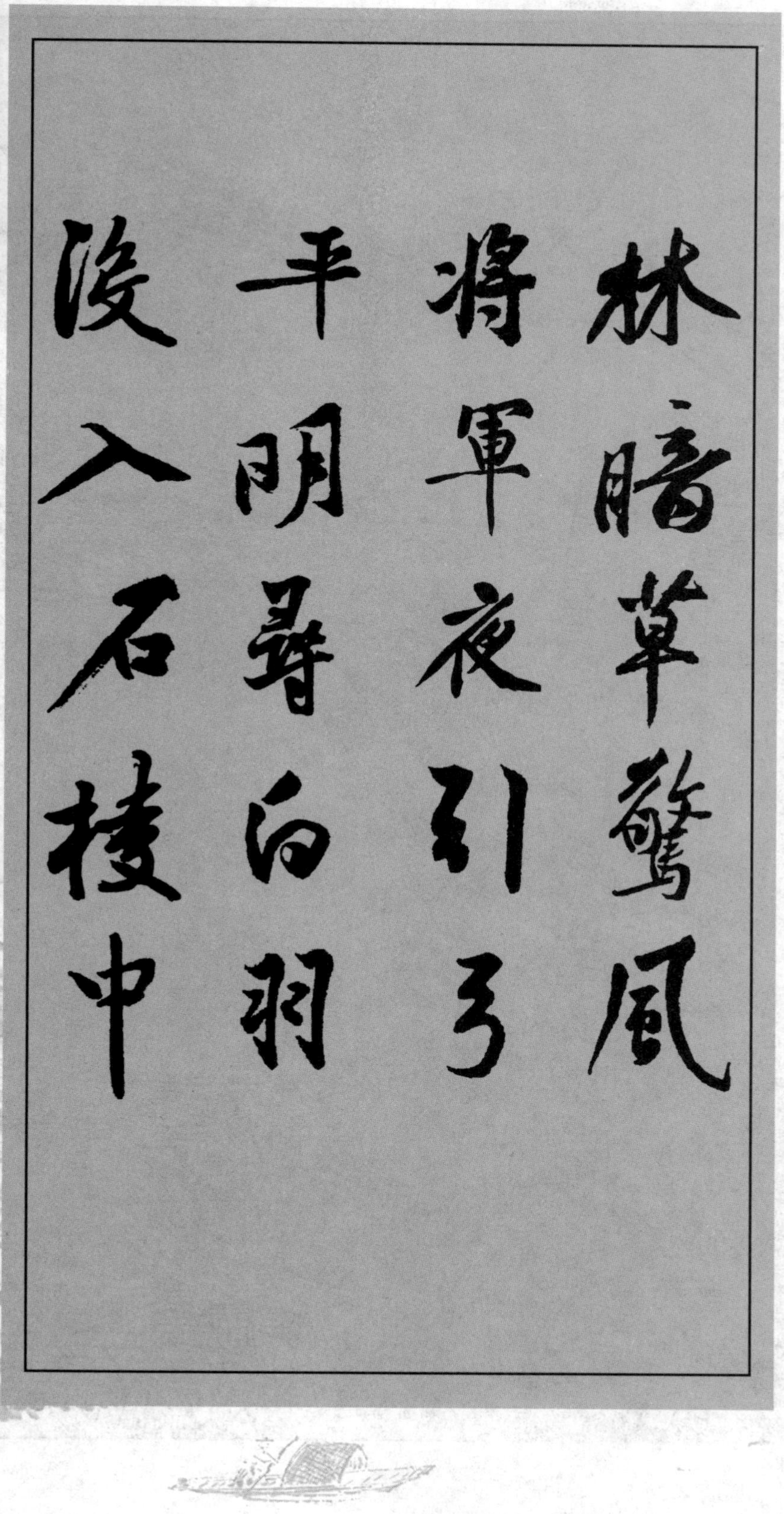

林暗草惊风，将军夜引弓。
平明寻白羽，没入石棱中。

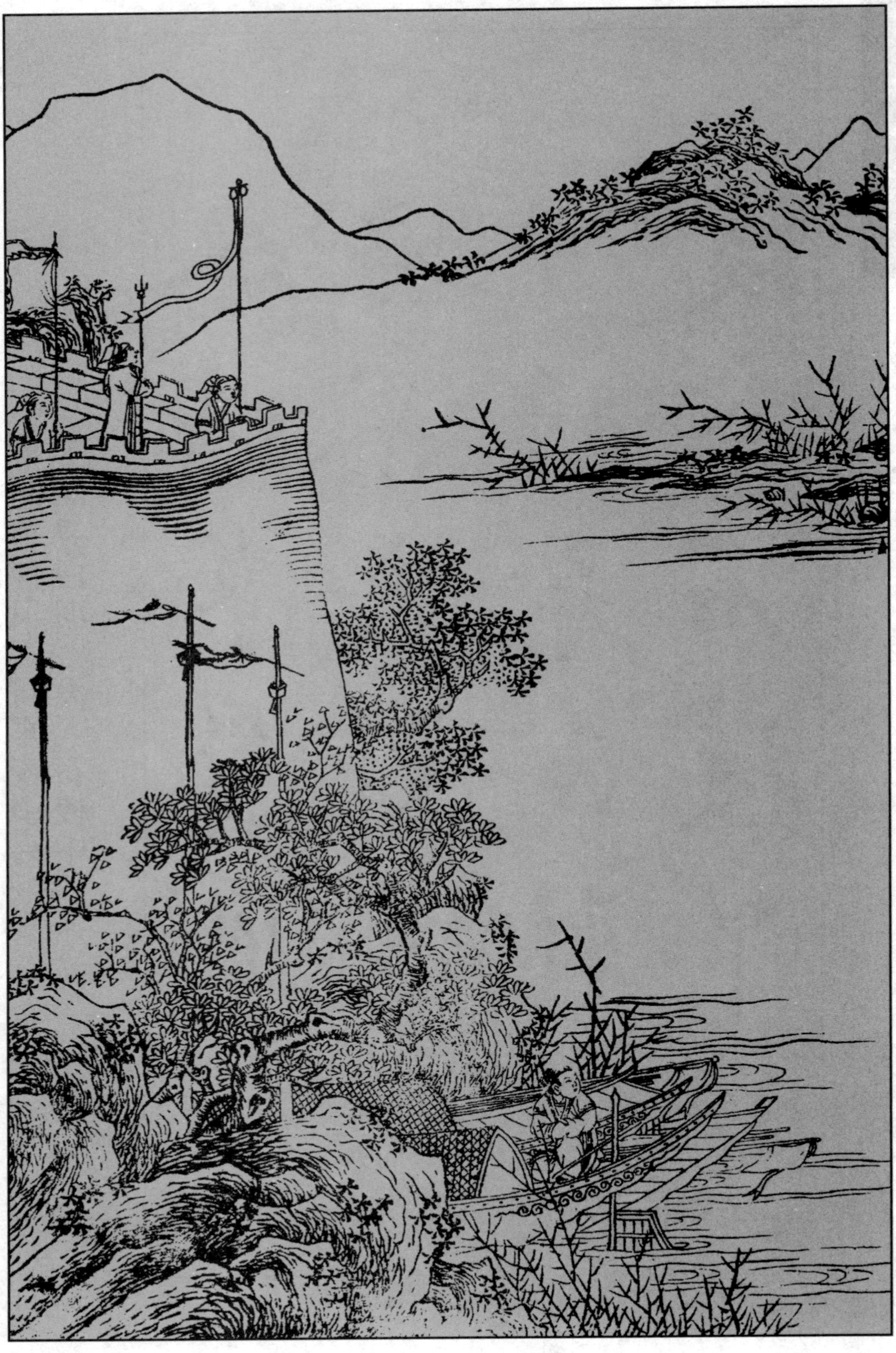

蜂

罗隐

不論平地與山尖
無限風光盡被佔
採得百花成蜜後
為誰辛苦為誰甜

不论平地与山尖，无限风光尽被占。
采得百花成蜜后，为谁辛苦为谁甜？

离思五首·其四

元稹

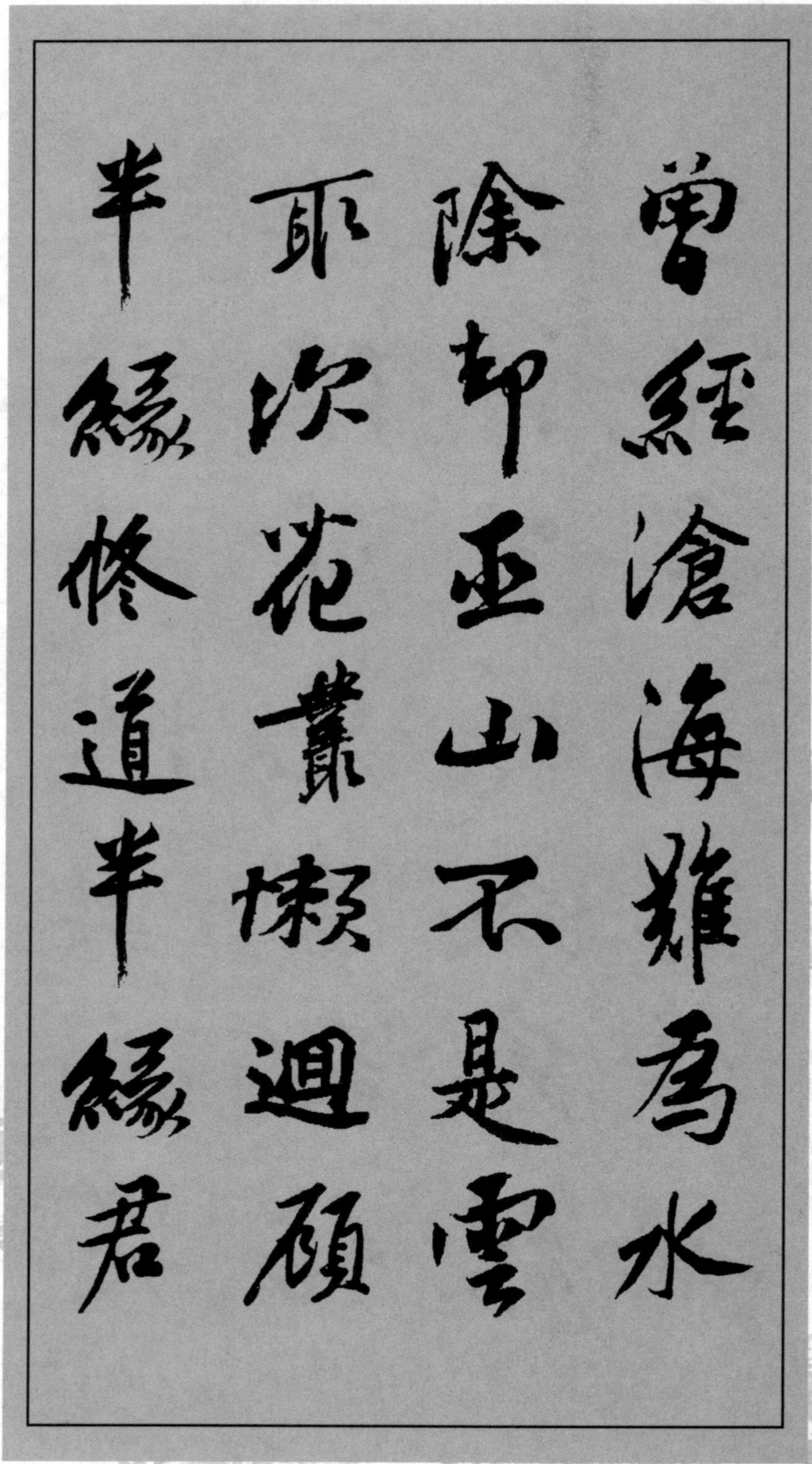
曾經滄海難為水
除卻巫山不是雲
取次花叢懶迴顧
半緣修道半緣君

曾经沧海难为水，除却巫山不是云。
取次花丛懒回顾，半缘修道半缘君。

商山早行·节选

温庭筠

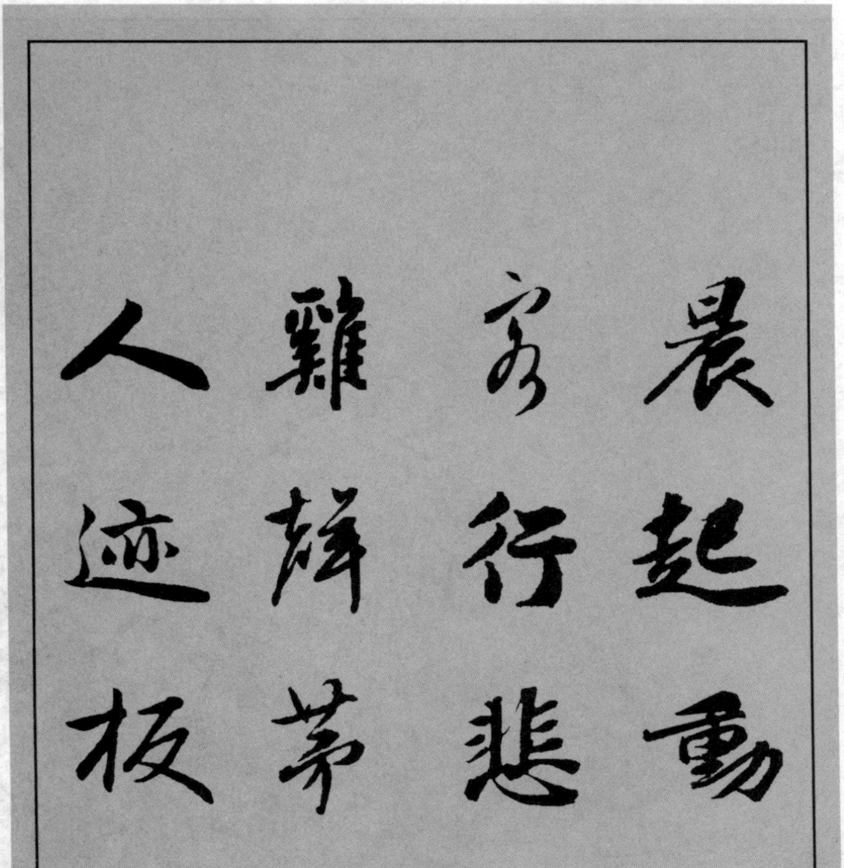

晨起动征铎，客行悲故乡。
鸡声茅店月，人迹板桥霜。

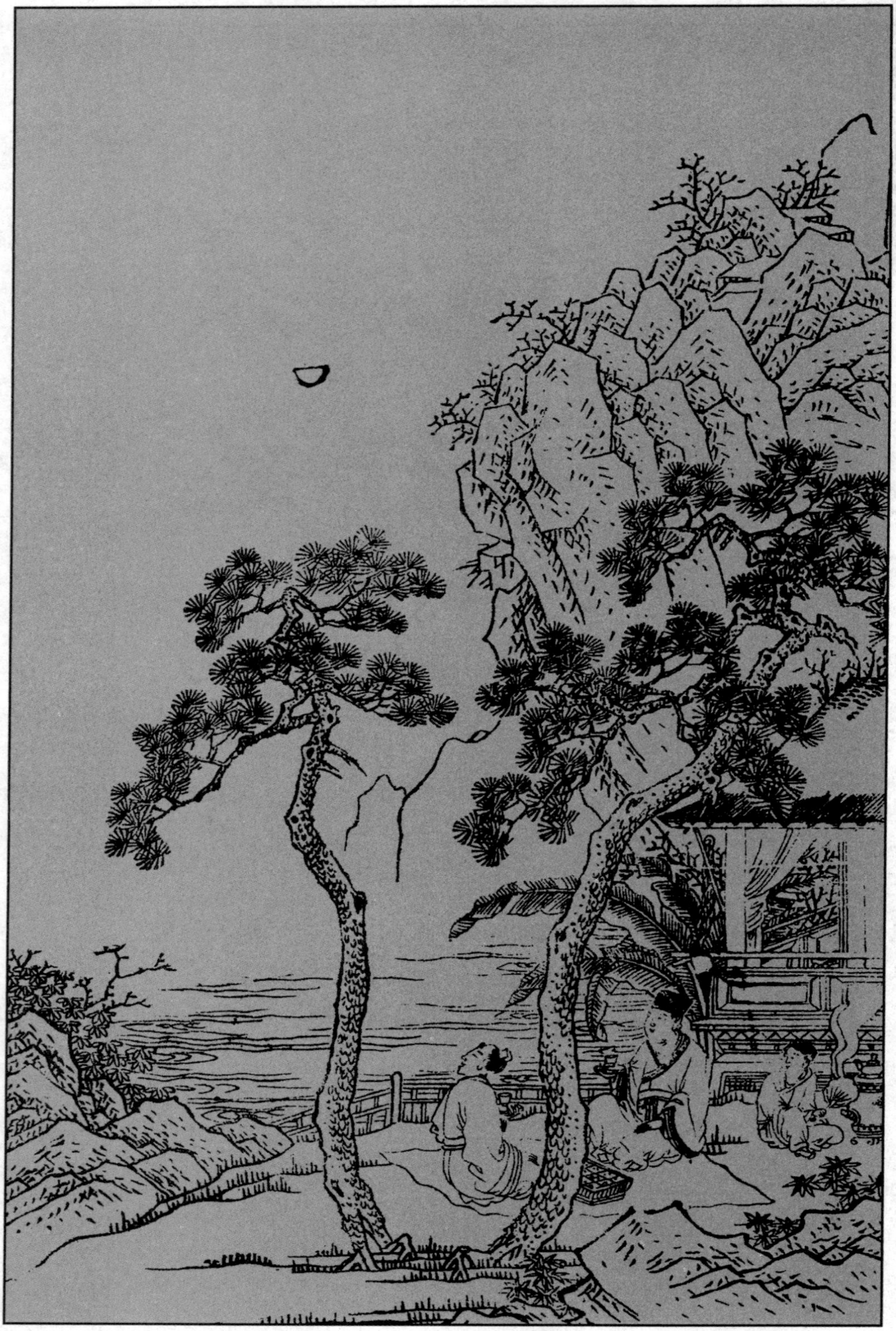

画

王维

遠看山有色
近聽水無聲
春去花還在
人来鳥不驚

远看山有色，近听水无声。
春去花还在，人来鸟不惊。

使至塞上

王维

單車欲問邊屬國過居延
征蓬出漢塞歸雁入胡天
大漠孤烟直長河落日圓
蕭關逢候騎都護在燕然

单车欲问边，属国过居延。征蓬出汉塞，归雁入胡天。
大漠孤烟直，长河落日圆。萧关逢候骑，都护在燕然。